ADOLPHE JOANNE

GÉOGRAPHIE

DU DOUBS

13 gravures et une carte

BESANÇON
CH. MARION, LIBRAIRE
2 ET 4, PLACE SAINT-PIERRE, 2 ET 4

GÉOGRAPHIE

DU DÉPARTEMENT

DU DOUBS

AVEC UNE CARTE COLORIÉE ET 13 GRAVURES

PAR

ADOLPHE JOANNE

AUTEUR DU DICTIONNAIRE GÉOGRAPHIQUE ET DE L'ITINÉRAIRE
GÉNÉRAL DE LA FRANCE

PARIS

LIBRAIRIE HACHETTE ET CIE

79, BOULEVARD SAINT-GERMAIN

1878

Droits de traduction et de reproduction réservés.

TABLE DES MATIÈRES

DÉPARTEMENT DU DOUBS

I	1	Nom, formation, situation, limites, superficie.	1
II	2	Physionomie générale.	2
III	3	Cours d'eau; lacs.	4
IV	4	Climat.	14
V	5	Curiosités naturelles.	15
VI	6	Histoire.	16
VII	7	Personnages célèbres.	28
VIII	8	Population, langue, cultes, instruction publique.	31
IX	9	Divisions administratives.	32
X	10	Agriculture.	37
XI	11	Industrie; mines.	39
XII	12	Commerce, chemins de fer, routes.	44
XIII	13	Dictionnaire des communes.	46

LISTE DES GRAVURES

1	Saut du Doubs.	5
2	Le Doubs, près de Besançon.	7
3	Source du Lison.	15
4	Porte Taillée, à Besançon.	18
5	Porte Noire, à Besançon.	19
6	Baume-les-Dames.	21
7	Besançon.	25
8	Pontarlier.	27
9	Palais Granvelle, à Besançon.	29
10	Palais de justice, à Besançon.	49
11	Quai d'Arènes, à Besançon.	51
12	Fort de Joux.	55
13	Château de Montbéliard.	61

Typographie Lahure, rue de Fleurus, 9, à Paris.

DÉPARTEMENT
DU DOUBS

I. — Nom, formation, situation, limites, superficie.

Le département du Doubs doit son *nom* à sa plus belle rivière, le Doubs, qui y prend sa source et qui y a un cours de plusieurs centaines de kilomètres.

Il a été formé, en 1790, de la partie moyenne de la **Franche-Comté**, l'une des provinces qui constituaient alors la France et dont Besançon était la capitale.

Département frontière, le Doubs est *situé* dans la région orientale de la France. Besançon, son chef-lieu, se trouve à 406 kilomètres au sud-est de Paris par le chemin de fer, à 325 kilomètres environ à vol d'oiseau.

Il a pour *limites :* à l'ouest et au sud-ouest, le département du Jura ; au sud-est et à l'est, les cantons suisses de Vaud, de Neuchâtel et de Berne ; au nord-est, le Territoire de Belfort ; au nord et au nord-ouest, la Haute-Saône. Ses limites sont en grande partie conventionnelles : tout à fait au sud, un chaînon élevé du Jura le sépare pendant quelques lieues de la Suisse ; à l'est, le cours du Doubs lui sert pendant plus de 40 kilomètres de frontière avec le même pays ; au nord-ouest, le lit de l'Ognon, aux innombrables détours, le borne du côté de la Haute-Saône.

La *superficie* du Doubs est de 522,895 hectares. Sous ce rapport, c'est le 71e département : en d'autres termes, 70 sont plus étendus. Sa plus grande *longueur*, — du nord-est au sud-ouest, depuis la limite du Territoire de Belfort jusqu'à celle du Jura, dans la commune de la Chapelle-des-Bois, — est de 130 kilomètres. Sa plus grande *largeur*, — du nord-ouest au sud-est, — est de 60 kilomètres environ. Enfin son *pourtour* est de 350 kilomètres, si l'on ne tient pas compte des sinuosités secondaires.

II. — Physionomie générale.

Des montagnes et des collines se partagent inégalement le département du Doubs : les montagnes, bien plus nombreuses, font toutes partie du massif montagneux appelé le Jura.

Le **Jura** est un ensemble de chaînons dirigés du nord-est au sud-ouest, parallèles entre eux et parallèles aussi aux Alpes de la Savoie et du Dauphiné, dont les sépare la gorge profonde où coule le Rhône entre sa sortie du lac de Genève et son entrée dans les plaines de Lyon. Le Jura est calcaire ; il a même donné son nom à des roches de cette formation, les roches jurassiques ; ses sommets les plus élevés se dressent dans le département de l'Ain et dans la Suisse française. En France, ce système de montagnes recouvre trois départements, le Jura, l'Ain et le Doubs. Dans ce dernier, le Jura se compose de quatre arêtes principales.

La plus haute arête touche à la Suisse (canton de Vaud) ; elle porte le nom de *mont Risoux* et sépare le Doubs naissant (bassin du Rhône) du lac de Joux, dont les eaux vont, par des canaux souterrains, former la source d'un affluent du Rhin. D'immenses forêts de sapins assombrissent ses versants et ses gorges ; dans la forêt de la Joux, le *Gros-Crêt* atteint 1,423 mètres. Plus au nord, le *mont d'Or*, point culminant du département, a 1,464 mètres. Ce point est 29 fois plus élevé que le clocher de Baume-les-Dames (50 mètres), mais trois fois moins que le Mont-Blanc (4,810 mètres), la plus haute montagne de l'Europe. A l'est de Pontarlier, le *Larmont* atteint 1,352 mètres à la montagne du *Gros-Taureau*.

Cette première arête longe la rive droite du Doubs ; la seconde, moins élevée de 200 à 300 mètres, en domine la rive gauche ;

elle se compose de deux chaînons, séparés, à l'ouest de Pontarlier, par une dépression où passe aujourd'hui la petite rivière du Drugeon, et qui dut être jadis le lit d'un lac. Dans le chaînon du sud, qui domine les lacs de Remoray et de Saint-Point, le *mont de Saint-Sorlin* a 1,240 mètres, et le *mont du Laveron*, au-dessus même de la dépression, 1,051 mètres ; dans le chaînon du nord, nul crêt ou mont n'atteint 1,150 mètres, mais, surtout à partir du lac de Chaillexon et du Saut du Doubs, la montagne domine la rivière par des rochers à pic hauts de 200 à 300 mètres ; vis-à-vis, sur la rive suisse, se dressent des escarpements semblables ; au fond, le Doubs serpente dans des gorges étroites et sombres. Dans son ensemble, la seconde arête du Jura est boisée comme la première.

La troisième arête, de 100 à 200 mètres moins élevée que la seconde, va se terminer à Saint-Hippolyte, après avoir constamment dominé de ses énormes murailles la fissure où court le Dessoubre.

La quatrième arête retrouve à ses pieds le Doubs qui, après s'être dirigé du sud-ouest au nord-est, dans toute la longueur du département, fait un brusque détour et retraverse tout le territoire dans une direction opposée. On la nomme le *Lomont*; c'est elle qui s'élève vis-à-vis de Besançon, au-dessus de Baume-les-Dames, de Clerval, de l'Isle-sur-le-Doubs, de Pont-de-Roide ; plus basse que les trois autres, elle atteint 500 mètres devant Besançon et de 550 à près de 900 au sud de Clerval et aux environs de Pont-de-Roide.

Telles sont les montagnes du département du Doubs ; entre les diverses arêtes, surtout entre la seconde et la troisième chaîne, et plus encore entre celle-ci et le Lomont, s'étendent de vastes et hauts plateaux très-accidentés, très-froids en hiver, impropres aux cultures qui craignent les rigueurs du ciel, mais riches en pâturages et en forêts. Ces plateaux sont découpés d'innombrables vallons servant de bassins à de petits torrents qui çà et là disparaissent tout à coup dans des fissures du calcaire pour aller reparaître en sources abondantes dans des vallons inférieurs (*V.*, dans le chapitre intitulé *Cours d'eau, lacs* : la Barbèche, le Cusancin, le Dessoubre, le Lison, et surtout la Loue).

Si, descendant du Lomont, on traverse le Doubs, on arrive aussitôt au pied d'un massif qui n'appartient plus au Jura, mais qui a pourtant la même direction sud-ouest et la même nature calcaire; comme le Jura, ses collines sont riches en grottes, et surtout en entonnoirs où s'engouffrent les eaux. Ce massif, haut généralement de 300 à 400 mètres, a 510 mètres d'élévation au nord-ouest de l'Isle; il renferme de nombreux bouquets de bois et la forêt de Chailluz (*V*. p. 39). Il sépare la vallée du Doubs de celle de l'Ognon, dans lesquelles reparaissent les eaux qui se sont perdues sur le massif. La ravissante vallée de l'Ognon n'appartient au département du Doubs que sur la rive gauche; la rive droite est dans le département de la Haute-Saône.

Par opposition aux quatre chaînons du Jura et à leurs hauts plateaux, les collines d'entre Doubs et Ognon forment, avec les vallées inférieures de ces deux rivières et celle de la Loue au-dessous de Quingey, la région basse du département, dite *la Plaine*.

III. — Cours d'eau; lacs.

Presque tout le département du Doubs verse ses eaux dans le Rhône, par l'Ognon, le Doubs et la Saône. Quelques centaines d'hectares seulement se drainent dans le Rhin, par l'Orbe, tributaire du lac de Neuchâtel.

BASSIN DU RHÔNE. — Le RHÔNE ne touche pas le département. Il naît en Suisse, dans le canton du Valais, à 1,800 mètres d'altitude, traverse le lac de Genève, dont il sort à Genève, baigne Lyon, Vienne, Valence, Avignon, Tarascon, Arles, et se jette dans la Méditerranée par plusieurs embouchures. Long de plus de 800 kilomètres, ce fleuve, dont le bassin n'a pas moins de 10 millions d'hectares, est le plus considérable de la France.

La SAÔNE, l'affluent le plus important du Rhône après l'Isère, ne touche pas non plus le territoire du Doubs. Elle naît dans les monts Faucilles (Vosges) et parcourt : le département de la

Saut du Doubs (chute de 27 mètres).

Haute-Saône, où elle baigne Gray; celui de la Côte-d'Or, où elle baigne Auxonne; celui de Saône-et-Loire, où elle rencontre Chalon, Tournus, Mâcon, et celui du Rhône, où elle se perd dans le Rhône à Lyon. La longueur de son cours est de 455 kilomètres; la surface de son bassin, de 3 millions d'hectares.

Par l'Ognon, puis par le Doubs, la Saône reçoit les eaux de presque tout le département.

L'**Ognon**, ou **Oignon**, est une rivière dont le cours, très-sinueux, a près de 200 kilomètres; tout son bassin supérieur et toute sa rive droite dépendent du département de la Haute-Saône; une portion de la rive gauche appartient à celui du Doubs. L'Ognon a son origine dans les Vosges, près du Ballon de Servance, à 695 mètres d'altitude. A Bonnal seulement il entre dans le département du Doubs, où il passe à 1,800 mètres de Rougemont et devant un grand nombre de bourgs et de hameaux. A 90 kilomètres (sinuosités comprises) de Bonnal, l'Ognon cesse de toucher le département du Doubs, pour aller se perdre dans la Saône. — Il reçoit dans le département de nombreuses et jolies fontaines.

Le **Doubs** est une des belles rivières de la France; ses eaux sont pures, ses gorges supérieures magnifiques, sa basse vallée féconde. A son embouchure dans la Saône, il a autant d'eau que cette rivière et il a parcouru 150 kilomètres de plus. La source du Doubs s'échappe, à 1,500 mètres de Mouthe, d'une charmante grotte (937 mètres d'altitude), garnie de mousse et de sapins, dominée par la forêt du Noirmont, contre-fort du Risoux. La rivière baigne Mouthe, Rochejean, puis entre dans le LAC DE SAINT-POINT. Ce lac, que des prairies mouillées séparent du lac de Remoray (V. ci-dessous), a 160 hectares de superficie, 6 kilomètres de longueur et 600 mètres de largeur moyenne. Il reçoit la fontaine de l'Oiseau, la source de la Malpierre, celle de Fontaigneux et le beau ruisseau de la Fontaine-Bleue. Ses rives, fertiles et bien cultivées, sont bordées de villages.

Au débouché du défilé de la Cluse, dont l'entrée est commandée par le fort de Joux, le Doubs traverse Pontarlier. Au-

Le Doubs, près de Besançon.

dessous d'Arçon, il perd une partie de ses eaux, qui filtrent dans le calcaire de son lit, et parfois même il est complétement tari en été devant Maison-du-Bois et Montbenoît, jusqu'à Remonot. Entre Remonot et Ville-du-Pont, il coule dans une vallée étroite et sauvage appelée Entre-Roches. En aval de Morteau, il forme, en s'élargissant jusqu'à 300 et 400 mètres, le curieux LAC DE CHAILLEXON ou *des Brenets*, long de 4 kilomètres, sur 500 mètres de largeur maxima. Depuis le lac de Chaillexon jusqu'à Bremoncourt, le Doubs sépare la France de la Suisse. A peine sortie de ce bassin tranquille, la rivière tombe d'une hauteur de 27 mètres : c'est le *Saut du Doubs*, l'une des plus belles cascades de la France. Puis elle coule dans des gorges désertes, entre des roches à pic hautes de 200 à 300 mètres. A moins de 10 kilomètres en aval de Goumois, le Doubs entre en Suisse, pour y baigner Saint-Ursanne et rentrer en France en amont de Glère.

A Pont-de-Roide, il coupe la chaîne du Lomont; sa vallée s'élargit et des prairies la bordent. A Audincourt, — sa direction générale avait été, depuis sa source, vers le nord-est, — il tourne vers l'ouest, se relève vers le nord, puis se dirige définitivement vers le sud-ouest. Il passe à 2 ou 3 kilomètres au sud de Montbéliard, à Vougeaucourt, à l'Isle, Clerval, Baume-les-Dames, et à Besançon, qu'il entoure, suivant l'expression de César, « à la façon d'un fer à cheval. » Au delà, il ne baigne plus de bourg important. Il entre bientôt dans le département du Jura, puis dans celui de Saône-et-Loire, où il se perd dans la Saône à Verdun. Dans le département auquel il donne son nom, le Doubs a 300 kilomètres environ de développement, sur 430 kilomètres de cours total. Il est navigable de Vougeaucourt à Dole (Jura), à l'aide du canal du Rhône au Rhin (*V.* ci-dessous), qui emprunte son lit pendant 86 kilomètres.

Outre un nombre considérable de sources dont quelques-unes sont fort abondantes — comme la Fontaine de l'Abbé (près de Rochejean), les sources de Morteau, de Sobez (Villers-le-Lac), celles de la Roche (près du lac de Chaillexon et de Soulce), de

Goumois, du Puits-du-Clôtre et de Pomme-Ronde (à Audincourt), de la Prâte et de Vougeaucourt, de Fourbanne, du Briseux (aux Ougney), etc., — le Doubs reçoit, sur le territoire du département : le *Rouge-Bief* (rive droite), près des Longevilles ; la Taverne ; à Oye, le *ruisseau du Saut* (rive gauche), ainsi nommé d'une cascade ; la Morte, le bief des Lavaux, le Drugeon, les Gras, le ruisseau de Derrière-le-Mont, le Dessoubre, la Barbèche ; le *Roide*, au-dessous de Pont-de-Roide (rive droite) ; la Ranceuse, le Gland, l'Allan ; le *ruisseau de Rorbe* (rive gauche), à Colombier-Fontaine ; ceux de Lougres et des Trois-Rois ; le *ruisseau de Soye* (rive droite), à Pompierre ; le *bief de l'Ermite* (rive gauche), au-dessus d'Hyèvre-Magny ; le *ruisseau d'Hyèvre-Paroisse* (rive droite) ; le Cusancin, le Mercurot et, près de Routelle, le ruisseau de la *fontaine de Benusse* (rive droite). Hors du département, le Doubs se grossit de la Loue.

La *Taverne*, écoulement du LAC DE REMORAY (80 hectares de superficie ; 1,650 mètres de longueur, 500 à 900 mètres de largeur), qui reçoit les *ruisseaux des Combes* et *du Brey*, tombe dans le Doubs (rive gauche) entre le village de l'Abergement et celui des Granges.

La *Morte*, dont l'embouchure se trouve (rive droite) au pied du fort de Joux, a pour tributaire la *Fontaine-Ronde*, ruisseau aux trois belles sources dont l'une est intermittente (*V. Curiosités naturelles*, p. 16).

Le *bief des Lavaux*, appelé dans son cours supérieur *ruisseau des Étraches*, longe le pied du Larmont et débouche dans le Doubs (rive droite) à Pontarlier.

Le *Drugeon* (42 kilomètres) commence, à plus de 900 mètres d'altitude, sur un plateau voisin du lac de Saint-Point, tout près du LAC DE MALPAS (10 à 12 hectares). Après avoir coulé dans la combe des Vaux, il débouche, à Bonnevaux, sur un plateau marécageux, reçoit ensuite le déversoir de l'ÉTANG DE FRASNE, s'épanouit, à la Rivière, en une espèce de petit lac, puis disparaît dans le Doubs (rive gauche) entre le village de Doubs et celui d'Arçon.

Le ruisseau des *Gras*, qui fait mouvoir un grand nombre d'usines, tombe dans le Doubs (rive droite) au Pont-de-la-Roche.

Le *ruisseau de Derrière-le-Mont* reçoit la grosse *source du Gillot* et finit à Montlebon (rive droite).

Le *Dessoubre* (35 kilomètres) naît (508 mètres d'altitude) au pied de rochers imposants, près du vieil ermitage de Notre-Dame de Consolation et forme aussitôt de belles cascades. De sa source à son embouchure, il coule dans des défilés sauvages, entre des murailles rocheuses hautes de 200 à 300 mètres. Il mêle ses eaux à celles du Doubs (rive gauche) à Saint-Hippolyte. — Son principal tributaire, la *Réverotte*, naît aussi d'une fontaine considérable et coule dans une gorge encaissée ; elle passe au pied du plateau sur lequel est bâti Pierrefontaine.

La *Barbèche* (14 kilomètres), qui grossit le Doubs (rive gauche) à Villars-sous-Dampjoux, débute, à la Haute-Roche, près de Belvoir, par une grosse fontaine, écoulement probable de réservoirs alimentés par le *Dar*, la *Voye*, la *Voître* et par d'autres ruisseaux qui se perdent dans les réservoirs des plateaux.

La *Ranceuse* (11 kilomètres), venue de Dambelin, grossit le Doubs (rive gauche) au-dessous de Pont-de-Roide.

Le *Gland* (14 kilomètres), affluent dont l'embouchure est en amont d'Audincourt (rive droite), a pour origine, au-dessus de Glay, la puissante source de la Doue. Augmenté, à Glay, par la *Creuse*, fontaine descendue de Blamont, il dessert d'importantes usines.

L'*Allan* (67 kilomètres, dont un peu plus de la moitié en France) a sa source en Suisse et son embouchure en aval de Vougeaucourt (rive droite). Dans le département, auquel elle appartient pendant 20 kilomètres, elle prête sa vallée au canal du Rhône au Rhin et passe à Montbéliard. — Ses tributaires sur le territoire du département sont : la *Feschotte*, qui n'y a guère que son embouchure, à Fesches (rive gauche) ; la *Savoureuse* (rive droite), rivière dont le cours (40 kilomètres) se trouve presque en entier dans le Territoire de Belfort ; à Montbéliard (rive droite), la *Luzine* ou *Lisaine* (30 kilomètres), qui a dans la Haute-Saône les cinq sixièmes de son développement ;

à Bart (rive droite), le *Rupt* ou *Ramier* (17 kilomètres), descendu des collines du Vernois.

Le *ruisseau de Lougres*, qui tombe dans le Doubs (rive droite) en face de Colombier-Fontaine, a une source d'une grande abondance, par laquelle reparaissent au jour les eaux d'un ruisseau de la Haute-Saône qui se perd dans un entonnoir à Villers-sur-Saulnot.

Le *ruisseau des Trois-Rois* ou *de l'Abbaye*, né près des ruines de l'abbaye de Lieu-Croissant, a son embouchure à Appenans.

Le *Cuisancin*, ou *Cusancin* (14 kilomètres), rivière qui naît à Cusance-le-Châtel, d'une source superbe, dans un vallon profond parcouru par le petit torrent des Alloz, se mêle au Doubs au pied de la colline de Baume-les-Dames. — Le Cuisancin reçoit : à Guillon, la *Réverotte;* au-dessous de Pont-les-Moulins, l'*Audeux* (24 kilomètres), nommé *Creuse* dans son cours supérieur et qui forme, entre Orsans et Aïssey, non loin de l'abbaye de Trappistes de la Grâce-Dieu, une cascade haute de 28 mètres.

Le *Mercurot* (embouchure à Beure, rive gauche) fait une chute de 10 mètres dans la vallée du Bout-du-Monde.

La **Loue**, rivière très-remarquable, la seconde du département par la beauté de sa vallée, la troisième par sa masse d'eau et la longueur de son cours (140 kilomètres), a sa source au fond d'un cirque immense de rochers de plus de 100 mètres de rayon, dans la commune d'Ouhans, à 544 mètres d'altitude. Elle jaillit en écumant d'une ouverture large de 60 mètres sur 32 mètres de hauteur, creusée à 10 mètres de la base d'un rocher dont le faîte atteint 106 mètres. A la sortie de ce gouffre, la Loue met en mouvement les roues d'une importante usine qui mêle ses bruits divers à celui des eaux bondissant sur les quartiers de roche qu'elles paraissent avoir entraînés du sein de la montagne. On pense que la source de la Loue n'est que le débouché des eaux absorbées par les entonnoirs des plateaux supérieurs. Cette rivière est sujette à des crues subites pendant lesquelles elle désole ses rives, ou les fertilise au contraire par le dépôt de riches alluvions.

La rivière, coulant avec rapidité, descend les *combes de Nouaille* (tel est le nom de la partie de la vallée comprise entre la source et Mouthier), entre deux immenses parois de roc, presque à pic et entrecoupées de quelques bouquets d'arbustes mêlés de lianes et de plantes sauvages. La Loue passe à Mouthier, Lods, Vuillafans, Montgesoye, Ornans, Chenecey et Quingey; puis, au point où ses gorges s'élargissant font place à une plaine fertile appelée Val d'Amour, elle entre dans le département du Jura, où elle se jette dans le Doubs par plusieurs bras, à Parcey. Son cours total est de 140 kilomètres, dont 89 environ dans le département du Doubs.

Comme le Doubs, la Loue est surtout grossie par des sources abondantes : les fontaines de Lods; la *source de Cléron* (près de Scey-en-Varais), qui forme un ruisseau considérable; celles de la Froidière et de Buillon, etc. Ses principaux affluents sont: la Craie; au-dessus d'Ornans (rive droite), le *ruisseau de Saules* (cascade de 35 mètres); la Brême; à Cléron (rive gauche), le *ruisseau de Valbois* (cascade); le Lison.

La *Craie*, qui forme la *cascade de Syratu* (180 mètres en deux étages), doit son nom aux propriétés incrustantes de ses eaux. Elle tombe dans la Loue (rive droite) à Mouthier.

La *Brême* (14 kilomètres), que grossit le *ruisseau de Plaisir-Fontaine*, débouche dans la Loue (rive droite) en aval d'Ornans. Elle passe à côté du *Puits de la Brême* : de ce gouffre, qui absorbe parfois une partie de la petite rivière, s'élancent, après les grandes pluies, des masses d'eaux troubles qui inondent le vallon; ces eaux paraissent être les mêmes que celles qui s'engouffrent à 16 kilomètres au nord-est, près du moulin de Leubot et de Verrières-du-Grosbois, ou bien celles qui se perdent plus près de là, au nord, dans les marais de Saône.

Le **Lison** (25 kilomètres), né à 1,500 mètres au-dessus de Nans-sous-Sainte-Anne, dans le vallon profond de Fond-Lison, est remarquable par l'abondance et la beauté de ses sources, par l'encaissement de sa vallée. La fontaine du Lison doit le grand volume de ses eaux aux ruisseaux qui se perdent dans les marais de Villeneuve, à ceux du Crouzet et de Migette, qui

Source du Lison.

tombent dans le gouffre du *Creux-Billard*, et sans doute à d'autres encore. Le Lison baigne la base de la chaîne de rochers d'Alaise et tombe dans la Loue (rive gauche) au pied des rochers de Châtillon. — Il reçoit le *ruisseau d'Éternoz* (cascade de 40 mètres) et, à Myon, le torrent qui a formé la belle *cascade du Gour-de-Conche*.

Bassin du Rhin. — L'Orbe, qui naît dans le département du Jura et se perd en Suisse dans l'Aar, un des principaux affluents du Rhin, ne touche pas le département du Doubs; mais elle en reçoit un affluent, la *Jougne* ou *Jougnena*, qui passe au-dessous du bourg de Jougne et qui a sa source ainsi que son embouchure dans le canton de Vaud (Suisse).

Il n'y a dans le Doubs qu'un seul canal navigable, mais fort important dans le système de nos communications : c'est le **canal du Rhône au Rhin**, qui, projeté dès 1744, n'a été ouvert que 90 ans plus tard. Sa longueur est de 322 kilomètres, dont 192 seulement sont en France depuis la perte de l'Alsace, et 135 dans le département du Doubs. Ce canal ne va pas directement du Rhône au Rhin, mais de la Saône à l'Ill, affluent du Rhin. Il commence dans la Saône à Saint-Symphorien, près de Saint-Jean-de-Losne (Côte-d'Or). Dans le département du Doubs, il suit la vallée du Doubs, par Besançon, Baume-les-Dames, Clerval et l'Isle. Arrivé à Vougeaucourt, il remonte la vallée de l'Allan par Montbéliard, franchit l'arête entre les bassins du Rhône et du Rhin, à Valdieu, par un bief de partage de près de 3 kilomètres, et tombe dans l'Ill à Strasbourg.

IV. — Climat.

Par sa configuration, le département du Doubs est généralement plus froid que ne le comporte sa latitude. La prédominance des hauts plateaux fait régner sur des cantons entiers des hivers précoces, longs et rigoureux. Dans le Doubs, les vallées, les collines basses sont l'exception ; tout l'arrondissement de Pontarlier, ceux de Montbéliard et de Baume-les-Dames presque en entier, une bonne partie de celui de Besançon, sont formés de terres élevées. Dans un pays aussi accidenté, où l'altitude du point le plus élevé dépasse de 1,261 mètres celle de l'endroit le plus bas, les différences de climat sont nécessairement fort grandes, puisque, de toutes les circonstances physiques, le degré d'élévation au-dessus du niveau général est celle qui a le plus d'influence sur les températures maxima, minima et moyenne. Aussi, dans le département du Doubs, la température change de ville à ville, souvent de village à village, et quelquefois de hameau à hameau.

Le sol y est généralement calcaire, perméable, sec, chaud ; mais les forêts, très-communes dans le pays, donnent de l'humidité à l'air et aux terres, et contre-balancent ainsi ce que la nature calcaire du sol peut avoir de fâcheux par l'excès de sécheresse. Les vallées de l'Ognon, du Doubs inférieur, de la Loue appartiennent au *climat rhodanien*, l'un des sept climats entre lesquels on partage ordinairement la France. Ce climat, ainsi appelé parce qu'il règne le long du Rhône, se distingue par la beauté de l'été et de l'automne. Sur les plateaux élevés, règnent le climat vosgien et même le climat auvergnat, qui se distinguent par la longueur et la rigueur de l'hiver.

Si toute l'eau tombée du ciel pendant l'année restait sur le sol, sans être absorbée par lui ou évaporée par le soleil, elle fournirait, dans les douze mois, une nappe d'eau de 65 à 70 centimètres à Besançon et à Montbéliard, de 120 à Pontarlier, de 140 près de la source du Doubs.

V. — Curiosités naturelles.

Outre ses beaux paysages, ses rochers, ses gorges pittoresques, le département abonde en gouffres, en précipices, en entonnoirs, en fissures, qui absorbent les eaux et les conduisent dans des cavernes où elles s'emmagasinent en lacs. Ces réservoirs invisibles se déversent dans les vallées par des sources souvent remarquables. Les principales curiosités sont, comme les nombreuses grottes et cascades du département, indiquées dans le Dictionnaire des communes. Nous signalerons seulement, parmi les gouffres, le Puits de la Brême (*V*. p. 12); parmi les cascades, le Saut du Doubs (*V*. p. 5); parmi les sources, celles de la Loue, du Lison, de la Barbèche (*V*. p. 10-13) et la Fontaine-Ronde; parmi les grottes, celles d'Osselle. La *Fontaine-Ronde* (commune de Touillon), source intermittente dont le flux et le reflux durent six à sept minutes, sourd à l'extrémité d'un pré marécageux, au pied d'une colline calcaire, entre deux autres sources qui n'ont rien de particulier.

Les *grottes d'Osselle*, situées dans la commune de Roset-Fluans, forment une série de salles tantôt larges, tantôt étroites, tantôt basses, tantôt d'une grande hauteur. Les stalactites qui pendent aux voûtes et les stalagmites qui s'élèvent du sol semblent partout vouloir se réunir, et forment le plus bel effet. Les différents motifs qu'on y signale sont surnommés la Cloche de Sens, la première colonne, le Tombeau du Christ, la Chaire à prêcher, la Colonne Vendôme, le Panthéon, le Buste de Louis-Philippe; la source de Jouvence, petit bassin d'une limpidité remarquable; le Capucin, la Statue de Notre-Dame, le Palmier, le Tombeau de Napoléon, les Orgues, etc. A l'extrémité de la grotte se trouve un remarquable groupe de stalactites figurant des draperies. Sous les pétrifications qui recouvrent le sol, on trouve à volonté des ossements de l'ours des cavernes, animal de grande taille dont la race est depuis longtemps éteinte. Dans l'intérieur de la grotte, on franchit sur un pont une crevasse où l'on entend le murmure d'un ruisseau, qui va se jeter dans le Doubs à peu de distance de l'entrée des grottes.

VI. — Histoire.

Le département du Doubs était occupé, pendant la période celtique, par les *Séquanes*, qui formaient une des plus puissantes confédérations de la Gaule et qui prirent part aux expéditions des Gaulois en Italie et dans la vallée du Danube. Plus tard ils commencèrent le rôle que la nature leur avait dévolu, celui de défendre la Gaule contre les peuples voisins. Ils commirent d'abord l'imprudence d'ouvrir leur pays aux Germains, qui les aidèrent d'abord dans leurs guerres, puis les asservirent. Un roi des Suèves, Arioviste, s'empara d'un tiers de leur territoire, y établit ses Germains, et menaçait de prendre tout le pays, quand ses progrès furent arrêtés par César. Une autre invasion menaçait au même moment le territoire des Séquanes, celle des Helvètes, qui avaient quitté en masse leur pays. Ils se virent obligés de leur livrer passage, mais ceux-ci promirent en retour de ne commettre sur leur route aucun désordre, aucune violence. Les Helvètes avaient traversé les défilés et le pays des Séquanes, lorsque César les atteignit au moment où ils franchissaient la Saône.

La guerre des Helvètes terminée, César songea à délivrer les Séquanes, comme on l'y invitait, de l'oppression des Germains. Il noua d'abord des négociations avec Arioviste et demanda une entrevue. Arioviste fit alors cette fière réponse : « que s'il avait besoin de César, il irait le trouver ; que si César avait besoin de lui, il vînt le trouver. » Cependant Arioviste s'était mis en campagne pour s'emparer de *Vesontio* (Besançon), la forteresse la plus importante des Séquanes. « César pensait (c'est son propre témoignage que nous citons) qu'il fallait à tout prix empêcher cette place d'être prise, car elle renfermait d'immenses ressources pour toutes les choses nécessaires à la guerre. Fortifiée par la nature même du terrain, elle offrait, pour la conduite des opérations, un point très-important. » César s'arrêta quelques jours à Vesontio pour s'occuper des approvisionnements de blé et de vivres, puis il marcha contre Arioviste ; mais la grande bataille se livra hors du territoire du département du Doubs, dans la plaine d'Alsace (58 av. J.-C.).

Les Séquanes, délivrés par César, passèrent sous sa domination, et leur pays fut pour lui un point d'appui dans sa grande lutte contre les Gaulois. Aussi on conçoit difficilement que le combat suprême de cette lutte se soit livré en Séquanie, sur le plateau d'*Alaise*, non loin d'Amancey. Cependant les archéologues du Doubs, suivant la voie ouverte par le savant et vivement regretté Delacroix, architecte à Besançon, et soutenus par un de nos plus savants professeurs de l'École des Chartes, M. Jules Quicherat, ont écrit sur cette question d'intéressants mémoires. La majorité des historiens s'est prononcée contre Alaise en faveur d'Alise (Côte-d'Or), mais cette con-

Porte Taillée, à Besançon.

troverse a éclairé d'une vive lumière bien des points obscurs de la dernière campagne de César et révélé l'existence d'une nécropole celtique sur un plateau longtemps ignoré.

César conserva à Vesontio sa suprématie sur les autres villes de la Séquanie. Mise au rang des *municipes* par Galba, dont les habitants avaient soutenu la cause contre Néron, elle eut son sénat, ses décemvirs, ses décurions, et fut la résidence des lieutenants romains. Les principales divinités des Romains y avaient des temples remarquables, surtout Jupiter, Mercure et Apollon. L'empereur Marc-Aurèle vint, dit-on, à Besançon et installa dans cette ville une colonie romaine. Il subsiste encore des restes de monuments antiques à Besançon (*V.* p. 48), et sur d'autres points du département, notamment à

Porte Noire, à Besançon.

Mandeure (*V.* p. 60), l'ancienne ville romaine d'*Epomanduodurum*, détruite par les Barbares.

Dès le commencement du troisième siècle, les prédicateurs de l'Évangile arrivaient dans la Séquanie. Tandis que saint Bénigne se rendait à Dijon, saint Ferréol allait à Besançon. Saint Ferréol et saint Ferjeux furent arrêtés par ordre de Claudius, préfet de la province, et condamnés à être décapités (212), sous le règne de Caracalla. Saint Ferréol et saint Ferjeux sont demeurés les patrons de la ville et du diocèse de Besançon.

Vers 266, les Barbares envahirent la Séquanie. Besançon fut dévastée par une bande d'Alamans commandés par Crocus. A peine relevée, cette ville fut de nouveau attaquée par les Alains (407), puis par les Burgondes, et enfin par Attila.

Les Burgondes affermissent enfin leur domination sur le pays, et leur royaume se maintient jusqu'à l'année 534. Le pays, quoique placé sous l'autorité des Francs, conserva toujours le rang de royaume ; tantôt indépendant, tantôt rattaché au royaume d'Austrasie, il fut mêlé à tous les événements de l'histoire générale. Protadius, maire du palais de Bourgogne à la fin du sixième siècle, releva les ruines que les Barbares avaient faites à Besançon, et fut le père d'un des plus illustres évêques de cette ville, saint Prothade. Malgré sa situation naturellement forte, Besançon eut à souffrir d'une incursion des Sarrasins (732), puis des Hongrois, qui furent longtemps la terreur de l'Allemagne. C'est à peu près à cette époque (763) que fut fondée l'abbaye de Baume-les-Dames, où les religieuses n'étaient admises qu'en faisant preuve de seize quartiers de noblesse.

Après Charlemagne, la Bourgogne appartint à cette bande de territoire, indécise entre la Gaule et la Germanie et que les deux pays se disputèrent pendant des siècles : funeste résultat du partage de Verdun en 843. La Séquanie, perdue dans la Bourgogne, fit successivement partie du royaume de Lothaire Ier, de Charles de Provence, du royaume d'Italie de Louis II, puis de celui de Boson, roi de Bourgogne et de Provence.

De même que les grands royaumes s'étaient démembrés, les petits se divisèrent à leur tour. L'ancienne Séquanie, qui n'avait point perdu ses souvenirs d'indépendance, forma un état particulier et un comté dans le royaume de Bourgogne. Le premier comte héréditaire fut Otte Guillaume (995), dont le fils se vit obligé de rendre hommage à l'empereur d'Allemagne Henri III (1044). Toutefois ce comté ou cette comté (jadis on

Baume-les-Dames.

employait indifféremment les deux genres) demeura exempte de toute taille ou imposition. « La comté de Bourgogne, dit le bénédictin dom Plancher, a depuis été appelée Franche-Comté, parce qu'elle n'était point sujette aux charges ordinaires établies et exigées dans les autres provinces; qu'elle ne payait point de tributs pécuniaires forcés, c'est-à-dire imposés par le souverain, auquel elle ne devait que le service militaire; si elle ajoutait quelques services pécuniaires, ils étaient libres, volontaires et gratuits. » La Séquanie devint donc un comté libre, et on la désigna le plus souvent sous le nom de *franche comté de Bourgogne*.

Henri III épousa Agnès, petite-fille d'Otte Guillaume : il créa à cette occasion l'archevêque de Besançon son archichancelier, et l'autorisa à ressaisir sur la ville les droits de souveraineté dont avaient joui les prélats de l'époque mérovingienne. L'archevêque Hugues Ier (ou ses successeurs) institua une *mairie* pour administrer la ville, une *vicomté* et un tribunal supérieur nommé *régalie*.

Renaud III, dernier comte de la race d'Otte Guillaume, mourut en 1148, laissant une fille, Béatrix, qui épousa le célèbre empereur Frédéric Barberousse. La ville de Besançon fut replacée sous l'autorité plus immédiate des empereurs, et Frédéric y tint, en novembre 1157, une cour plénière, une de ces diètes où il aimait à s'entourer des seigneurs allemands et à étaler sa puissance. En 1167, il fut contraint d'y revenir pour apaiser la sédition qui éclata contre l'archevêque Herbert. Cette sédition n'était qu'un épisode des longues luttes soutenues par les bourgeois contre l'archevêque pour arriver à faire reconnaître leurs franchises municipales. En 1289, la ville de Besançon eut encore à soutenir un siége contre les troupes de l'empereur Rodolphe de Habsbourg.

La Franche-Comté appartenait alors à une branche allemande issue d'Otton, troisième fils de Frédéric Barberousse. La fille d'Otton avait épousé un duc de Méranie, qui fut Otton II; puis régnèrent Otton III, Alix de Méranie et Otton IV. Celui-ci était fils d'Alix de Méranie et d'Hugues de Chalon, comte d'Auxonne. En 1314, la Franche-Comté tomba en partage à Jeanne de Bourgogne, épouse de Philippe le Long ; en 1318, le comté de Bourgogne fut réuni au duché par le mariage de Jeanne de France, fille de Jeanne de Bourgogne, avec Eudes IV, duc de Bourgogne. La Franche-Comté revenait donc du côté de sa région naturelle, du côté de la France. En 1349, les duché et comté de Bourgogne passèrent à Philippe de Rouvre. En 1361, Philippe de Rouvre mourut ; le duché revint à la Couronne, pour un instant seulement, car Jean II le Bon fonda immédiatement une nouvelle maison féodale en donnant cette belle province à un de ses fils, Philippe le Hardi. Quant à la comté, elle revenait à Marguerite de France, mariée à Louis II, comte de Flandre. Séparée du duché, elle ne devait pas tarder à s'y joindre de nouveau, car elle échut en 1384 au duc de Bourgogne Philippe le Hardi, qui avait épousé l'héritière de la Flandre. L'ancienne Séquanie fit donc partie des états de Charles le Téméraire, ce puissant duc de Bourgogne qui tint longtemps la royauté française en échec et entraîna le comté dans ses guerres. Aussi, en 1472, la Franche-Comté fut-elle ravagée par les troupes du duc d'Autriche, qui avait à se venger de Charles le Téméraire. La mort de ce prince (1477) sembla fournir au roi Louis XI l'occasion de mettre définitivement la main sur le comté de Bourgogne, complément indispensable de notre frontière de l'est. Il le tenta, fit entrer une armée, s'empara de presque toutes les villes ; mais l'époux de Marie de Bourgogne, Maximilien, duc d'Autriche, défendit les états de sa femme, et la paix d'Arras, en 1482, ne laissa point la Franche-Comté à Louis XI.

Cette province demeura à Marguerite d'Autriche, fille de Maximilien et de Marie de Bourgogne, et, après la mort de cette princesse, passa à son neveu Charles-Quint. C'est ainsi que la Franche-Comté, après tant de dominations diverses, tomba sous la domination espagnole (1530) ; elle devait y rester un siècle et demi. Charles-Quint confirma les priviléges dont jouissaient les habitants de Besançon et leur accorda le droit de battre monnaie ; la ville adopta la devise de ce prince : *Utinam* (*Plût à Dieu*), qui est encore celle des Bisontins.

Après quelques troubles causés par les passions religieuses à l'époque de la Réforme, la Franche-Comté eut à souffrir des guerres de la France et de l'Espagne, d'abord sous Henri IV, qui parut avec une armée devant Besançon (1595), mais qui traita avec la ville. La guerre de Trente-Ans fut plus sérieuse. Une armée française, secondée par celle du duc de Saxe-Weimar, envahit la Franche-Comté. Presque toutes les villes, à l'exception des quatre places fortes de la province, Besançon, Salins, Gray et Dole, furent prises et incendiées. La peste et la famine vinrent s'ajouter à tant de malheurs.

La paix des Pyrénées (1659) semblait devoir permettre à la Franche-Comté de respirer ; mais Louis XIV, sentant l'Espagne affaiblie, résolut d'enlever à cette puissance la Flandre et la Franche-Comté. Après la mort de Philippe IV, Louis XIV prétendit que cette province devait revenir à sa femme, fille aînée du roi. Ses meilleures raisons étaient d'excellentes armées et de grands capitaines. Quinze jours de campagne suffirent pour la première conquête (1668). Toutefois Louis XIV fut obligé de rendre cette province, à la paix d'Aix-la-Chapelle. Il fallut recommencer la conquête pendant la guerre de Hollande. Quoique plus sérieuse, cette conquête ne fut pas beaucoup plus longue que la première. En deux mois, toute la Franche-Comté tombait au pouvoir du roi de France, et Louis XIV entrait à Besançon, par la citadelle, le 22 mai 1674.

La ville prit dès lors un nouvel aspect. Louis XIV fit abattre les anciennes murailles pour construire des remparts plantés d'arbres : il fit élever des fortifications par Vauban. On nivela les rues, on bâtit des casernes, on construisit les quais ; l'entrée du pont de Battant fut décorée d'un arc de triomphe à la gloire de Louis XIV, et la ville repeuplée vit renaître son commerce et sa splendeur. En 1676, le Parlement, qui siégeait à Dole, fut transféré à Besançon, et, en 1691, cette ville s'enrichit encore de l'université qui avait été créée à Dole par Philippe le Bon.

Jusqu'en 1790, Besançon conserva le titre de capitale de la province. Son histoire en réalité s'arrête à cette époque,

Besançon.

comme celle des autres villes du département. Parmi ces villes, celle de *Montbéliard* mérite une mention spéciale. Située au confluent de l'Allan et de la Lusine, la ville de Montbéliard (Monsbelicardus, Monpelgard) est assez souvent citée au moyen âge comme le chef-lieu des cantons d'Elsgau et Sundgau. Elle appartenait à une maison indépendante, et le comté auquel elle donnait son nom passa dans la maison de Wurtemberg dès l'année 1397. Jusqu'au milieu du quatorzième siècle, les comtes de Montbéliard s'allièrent presque constamment avec les seigneurs de Franche-Comté, tantôt contre les empereurs, tantôt contre les ducs de Bourgogne. En 1525, un des chefs de la Réforme, Guillaume Farel, vint prêcher à Montbéliard et faillit être mis à mort. En 1676, lorsque la Franche-Comté fut devenue française, Louis XIV s'empara du comté de Montbéliard, mais il le rendit au traité de Ryswick, et Montbéliard demeura une possession d'une maison étrangère jusqu'à la Révolution. Toutefois le voisinage de pays français avait tellement facilité la réunion qu'il suffit d'une simple démonstration, en octobre 1793, pour que la ville arborât les couleurs françaises. Les traités de Bâle et de Lunéville confirmèrent cette annexion. Montbéliard fit successivement partie des départements de la Haute-Saône, du Mont-Terrible, du Haut-Rhin; enfin, c'est aujourd'hui le principal chef-lieu d'arrondissement du Doubs.

A l'époque contemporaine, le département du Doubs, quoique un des derniers réunis à la patrie française, a montré combien il lui était attaché. C'est un de nos départements où l'esprit militaire est le plus développé. En 1814, les volontaires du pays, à l'exemple de leurs devanciers de 1792, répondirent à l'appel de la patrie en danger, et organisèrent une résistance sérieuse contre les Alliés. Besançon soutint héroïquement un blocus de plusieurs mois.

En 1871, le département du Doubs, longtemps préservé de l'occupation prussienne, fut le théâtre de la retraite malheureuse de notre armée de l'Est. Le général Bourbaki, voulant délivrer Belfort, s'était avancé par Montbéliard, qu'il avait oc-

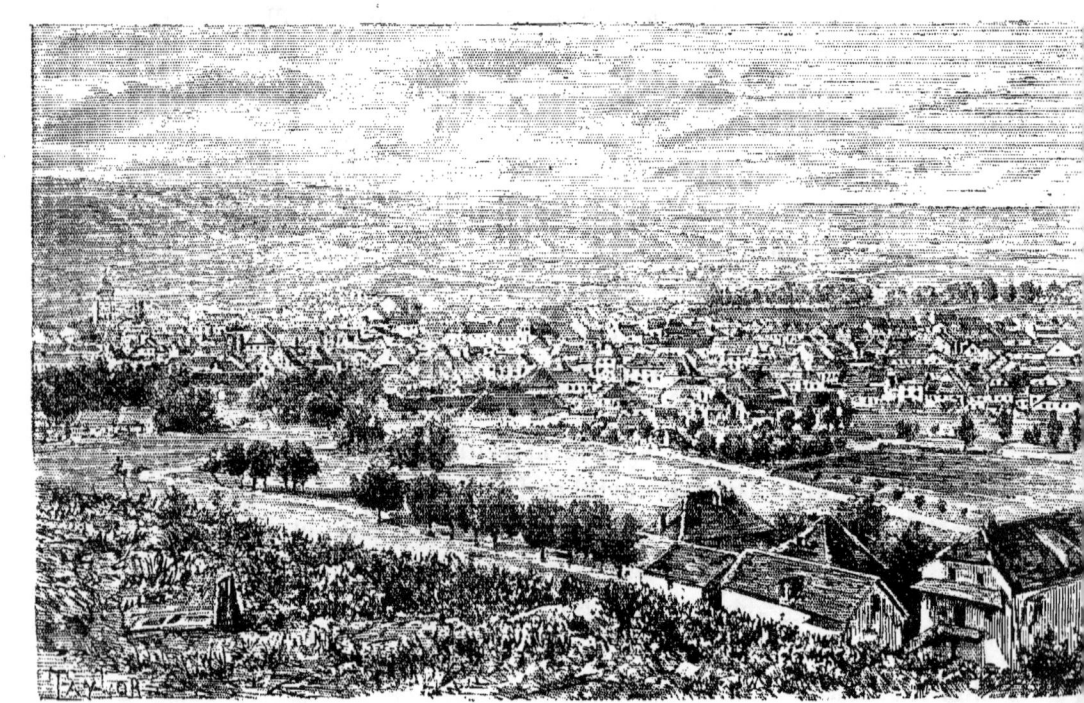
Pontarlier.

cupé à l'exception du château, mais n'avait pu forcer les retranchements du général prussien Werder, à Héricourt. Cette lutte acharnée et sanglante (janvier 1871) avait épuisé l'armée française. Il fallut reculer. Les Prussiens, reprenant l'offensive, essayèrent alors de couper la retraite au général Bourbaki et de l'acculer à l'impasse que forment les montagnes du Jura, près de la frontière suisse. Il fallut précipiter la marche. Le 28 janvier, l'armée de Bourbaki était autour de Pontarlier, présentant l'aspect le plus lamentable et l'image d'une nouvelle retraite de Moscou, lorsqu'on apprit la conclusion de l'armistice. Mais les Prussiens n'avaient pas voulu étendre l'armistice à l'armée de l'Est, qu'ils espéraient capturer tout entière ; et, tandis que nos généraux, mal informés, s'arrêtaient, les Prussiens continuaient leur mouvement. Le malheureux Bourbaki, à la vue de tant de désastres, avait cédé à un moment de désespoir et tenté de s'ôter la vie. Le général Clinchamp, qui le remplaça, résolut, pour sauver son armée et son matériel, de passer en Suisse. Grâce à son énergie, la retraite put s'achever au prix de combats acharnés et des plus vives souffrances. Jamais armée, et armée aussi jeune, n'avait été soumise à de pareilles épreuves. C'était, selon les témoins oculaires, un spectacle navrant que celui de ces soldats à peine vêtus, à peine chaussés, grelottant de froid, couchant sur la neige, se laissant tomber de fatigue et de faim. Les habitants de Pontarlier furent admirables de dévouement ; ils recueillirent 3,500 blessés ou malades, et la charité des Suisses s'empressa de soulager tant de misères, et si grandes que fussent celles-ci, elle les égala ; disons-le à l'honneur de ce pays pour lequel la France conservera toujours une vive gratitude.

VII. — Personnages célèbres.

Douzième siècle. — GUY DE BOURGOGNE, né à Quingey, mort en 1124, fut pape sous le nom de CALIXTE II.

Quatorzième siècle. — Le célèbre capitaine JEAN DE VIENNE, amiral de France, né au château de Roulans, fut sur les champs de bataille l'émule des Du Guesclin et des Clisson, et fut tué en 1396, à Nicopolis.

Seizième siècle. — NICOLAS PERRENOT DE GRANVELLE (1486-1550), né à Ornans, garde des sceaux de Charles-Quint, est moins célèbre que son fils, le CARDINAL DE GRANVELLE (1517-1586), né à Besançon, archevêque de cette ville, premier

Palais Granvelle, à Besançon.

ministre de Philippe II, puis vice-roi de Naples. — Le célèbre contrapuntiste bisontin CLAUDE GOUDIMEL (1510-1572) fut le maître du compositeur italien Palestrina. — JEAN-JACQUES BOISSARD (1528-1602), antiquaire et poëte latin, naquit à Besançon.

Dix-septième siècle. — PIERRE VERNIER (1580-1637), mathématicien, est né à Ornans. — Les CHIFFLET (XVIe-XVIIIe siècles) appartiennent à une famille d'érudits dont l'un des principaux fut Jean-Jacques Chifflet (1588-1660), médecin et homme politique, né à Besançon. — Jean de Mairet (1604-1686), de Besançon, auteur dramatique, est l'un des créateurs du théâtre moderne. — Jean de Watteville (1613-1702), né à Besançon, aventurier trop fameux. — Jacques Courtois, dit le Bourguignon (1621-1676), né à Saint-Hippolyte, s'est distingué comme peintre de batailles et comme graveur.

Dix-huitième siècle. — L'abbé Jean-Baptiste Bullet (1699-1775) est l'auteur du *Dictionnaire celtique*. — Le jésuite Nonnotte (1711-1793), né à Besançon, fut l'adversaire de Voltaire. — Claude-François-Xavier Millot (1726-1785), historien, né à Ornans, fut membre de l'Académie française. — L'érudit Claude-Joseph Perreciot (1728-1798) est né à Roulans. — Le sculpteur Luc Breton (1731-1800) naquit à Besançon. — Le prince de Montbarrey (1732-1796), né à Besançon, fut ministre de la guerre sous Louis XVI. — Le général d'Arçon (1733-1800), né à Besançon, fut l'inventeur des batteries flottantes. — Jean-Baptiste-Antoine Suard (1733-1817), né à Besançon, journaliste et littérateur. — Joseph Acton (1737-1808), né à Besançon, fut premier ministre de Ferdinand, roi de Naples. — Pierre-Adrien Paris (1745-1817), né à Besançon, architecte et dessinateur de Louis XVI, directeur de l'école française à Rome, a légué sa bibliothèque et son cabinet d'antiquités à sa ville natale.

Dix-neuvième siècle. — Claude-François Dorothée, marquis de Jouffroy d'Abbans (1751-1832), l'inventeur des bateaux à vapeur, né à Abbans-Dessus, mourut dans la retraite et l'oubli. — Victor Proudhon (1758-1838), célèbre jurisconsulte, est né à Chanans. — Georges Cuvier (1769-1832), né à Montbéliard, est l'un des plus grands naturalistes des temps modernes. — Le général Pajol (1772-1844), né à Besançon, se distingua d'une manière éclatante pendant la campagne de France. — François-Marie-Charles Fourier (1772-1837), né à Besançon, est le chef de l'école phalanstérienne. — François

Xavier-Joseph Droz (1773-1850), littérateur, né à Besançon, fut membre de l'Académie française et de l'Académie des sciences morales. — Le maréchal Janot de Moncey, duc de Conegliano (1754-1842), né à Besançon, s'illustra par sa défense de Paris en 1814. — Charles Weiss (1779-1866), né à Besançon, l'un des savants les plus laborieux de notre temps, a publié les *Papiers d'État du cardinal de Granvelle*. — Charles Nodier (1780-1844), littérateur, est né à Besançon. — Le physicien Pouillet (1791-1868) est né à Cuisance. — Théodore-Simon Jouffroy (1796-1842), célèbre philosophe, est né au hameau des Pontets, près de Mouthe. — M. Victor Hugo est né à Besançon en 1802. — Enfin nous citerons : Jean Gigoux, peintre, né à Besançon en 1806 ; le célèbre publiciste Pierre-Joseph Proudhon (1809-1865), né à Besançon ; M. Xavier Marmier, de l'Académie française, né à Frasne en 1809 ; M. Francis Wey, littérateur, né à Besançon en 1812 ; M. Auguste Castan, né à Besançon, correspondant de l'Institut, conservateur de la bibliothèque de cette ville, connu par ses découvertes archéologiques ; le peintre Baron, né à Besançon en 1817 ; le peintre Courbet, né en 1819 à Flagey, près d'Ornans ; les sculpteurs Jean Petit, Clésinger et Soitoux, nés à Besançon, l'un en 1819, le second en 1820, le troisième en 1824 [1].

VIII. — Population, langue, cultes, instruction publique.

La *population* du Doubs s'élève, d'après le recensement de 1876, à 306,094 habitants (155,318 du sexe masculin, 150,776 du sexe féminin). A ce point de vue, c'est le soixante-septième département. Le chiffre des habitants divisé par celui des hectares donne environ 59 habitants par 100 hectares ou par kilomètre carré : c'est ce qu'on nomme la *population spécifique*. La France entière ayant 69 à 70 habitants par ki-

---

[1] M. Paul Laurens, le consciencieux auteur des *Annuaires* du Doubs (1841 à 1875), nous a fourni un grand nombre de renseignements utiles.

lomètre carré, il en résulte que le Doubs renferme, à surface égale, 10 à 11 habitants de moins que l'ensemble de notre pays.

Depuis 1801, date du premier recensement officiel, le Doubs, dont la circonscription s'est d'ailleurs accrue, a gagné 89,868 habitants.

Les Franc-Comtois parlent un patois dérivé du latin, dont les dialectes se rattachent partie à la langue d'*oïl*, partie à la langue d'*oc*.

Presque tous les habitants du Doubs sont catholiques. Sur les 291,251 habitants de 1872, on ne comptait que 33,064 protestants et 1,035 israélites.

Le nombre des *naissances* a été en 1875 de 8,354 ; celui des *décès*, de 6,535 ; celui des *mariages*, de 2,291.

La *vie moyenne* est de 38 ans 5 mois.

Le *lycée* de Besançon a compté en 1876, 464 élèves ; les *colléges communaux* de Baume-les-Dames, Montbéliard et Pontarlier, 441 ; 3 *institutions secondaires libres*, 208 ; 946 *écoles primaires*, 55,206 ; 21 *salles d'asile*, 4,680.

Le recensement de 1866 a donné les résultats suivants :

Ne sachant ni lire ni écrire.	56,938
Sachant lire seulement.	20,594
Sachant lire et écrire.	215,569
Dont on n'a pu vérifier l'instruction.	1,419
Total de la population civile.	294,520

Sur 36 accusés de crimes, en 1873, on a compté :

Accusés ne sachant ni lire ni écrire.	»
— sachant lire ou écrire imparfaitement.	9
— sachant bien lire et bien écrire.	27
— ayant reçu une instruction supérieure.	»

IX. — Divisions administratives.

Le Doubs forme, avec la Haute-Saône, le diocèse de Besançon. — Besançon est le siège du 7ᵉ corps d'armée et de la 7ᵉ

division militaire. — Le département ressortit : à la cour d'appel de Besançon, — à l'Académie de Besançon, — à la 7ᵉ légion de gendarmerie (Besançon), — à la 5ᵉ inspection des ponts et chaussées, — à la 12° conservation des forêts (Besançon), — à l'arrondissement minéralogique de Chalon-sur-Saône (division du Nord-Est), — à la 6ᵉ région agricole (Est).
— Il comprend : 4 arrondissements (Baume-les-Dames, Besançon, Montbéliard, Pontarlier), 27 cantons, 638 communes.

Chef-lieu du département : BESANÇON.
Chefs-lieux d'arrondissement : BAUME-LES-DAMES, BESANÇON, MONTBÉLIARD, PONTARLIER.

Arrondissement de Baume-les-Dames (7 cant.; 187 com.; 147,468 hect.; 60,194 h.).
Canton de Baume-les-Dames (31 com.; 20,800 hect.; 8,490 h.). — Adam-lès-Passavant — Aïssey — Autechaux — Baume-les-Dames — Bois-la-Ville — Bretigney — Champvans — Côtebrune — Cour (La) — Cuisance — Esnans — Fontenotte — Fourbanne — Grosbois — Guillon — Hyèvre-Magny — Hyèvre-Paroisse — Saint-Juan — Lanans — Lomont — Luxiol — Montivernage — Passavant — Pont-les-Moulins — Servin — Silley — Vaudrivillers — Vergranne — Verne — Villers-le-Sec — Voillans.
Canton de Clerval (25 com.; 20,158 hect.; 8,027 h.). — Anteuil — Belvoir — Branne — Chaux-lès-Clerval — Chazot — Clerval — Crossey-le-Grand — Crossey-le-Petit — Fontaine — Saint-Georges — Glamans — L'Hôpital-Saint-Lieffroy — Orve — Pompierre — Rahon — Randevillers — Roche-lès-Clerval — Sancey-le-Grand — Sancey-le-Long — Santoche — Surmont — Tournedoz — Vellerot-lès-Belvoir — Vellevans — Vyt-lès-Belvoir.
Canton de l'Isle-sur-le-Doubs (24 com.; 16,398 hect.; 9,842 h.). — Accolans — Appenans — Arcey — Blussangeaux — Blussans — Bournois — Colombier-Châtelot — Étrappe — Faimbe — Gémonval — Geney — Hyémondans — L'Isle-sur-le-Doubs — Lanthenans — Longevelle — Mancenans — Marvelise — Médière — Montenois — Onans — La Prétière — Rang — Sourans — Soye.
Canton de Pierrefontaine (21 com.; 26,392 hect.; 8,634 h.). — Domprel — Flangebouche — Fuans — Germéfontaine — Grand'Fontaine-et-Fournets — Grand'Fontaine-sur-Creuse — Guyans-Vennes — Landresse — Laviron — Loray — Luisans — Maisonnettes — Orchamps-Vennes — Ouvans — Pierrefontaine-les-Varans — Plaimbois — La Sommette — Vellerot-lès-Vercel — Vennes — Villers-Chief — Villers-la-Combe.
Canton de Rougemont (31 com.; 16,246 hect.; 8,689 h.). — Abbenans

— Avilley — Bonnal — Chazelot — Cubrial — Cubry — Cuse-et-Adrisans — Fontenelle-lès-Montby — Gondenans-lès-Montby — Gondenans-les-Moulins — Gouhelans — Huanne — Mésandans — Mondon — Montagney — Montferney — Montussaint — Morchamps — Nans — Puessans — Rillans — Rognon — Romain — Rougemont — Servigney — Tallans — Tournans — Tressandans — Trouvans — Uzelle — Viéthorey.

Canton de Roulans (25 com.; 18,513 hect.; 6,905 h.). — Bouclans — Breconchaux — Champlive — Châtillon-Guyotte — Dammartin — Deluz — Écouvotte (L') — Glamondans — Gonsans — Hilaire (Saint-) — Laissey — Lusans — Naisey — Nancray — Osse — Ougney (Les) — Pouligney — Puy (Le) — Roulans — Sechin — Val-de-Roulans — Vauchamps — Vennans — Vienney-les-Granges — Villers-Grélot.

Canton de Vercel (30 com.; 28,994 hect.; 9,607 h.). — Adam-lès-Vercel — Athoze — Avoudrey — Belmont — Bremondans — Chasnans — Châtelet (Le) — Chaux-lès-Passavant — Chevigney — Courtetain-et-Salans — Épenouse — Épenoy — Étalans — Étray — Eysson — Fallerans — Hautepierre — Longechaux — Longemaison — Magny-Châtelard — Nods — Orsans — Passonfontaine — Rantechaux — Valdahon (Le) — Vanclans — Vercel — Vernier-Fontaine — Verrières-du-Grosbois — Villedieu (La).

Arrondissement de Besançon (8 cant.; 203 com.; 139,311 hect.; 115,431 h.).

Canton d'Amancey (23 com.; 18,386 hect.; 6,105 h.). — Abergement-du-Navois (L') — Alaise — Amancey — Amondans — Anne (Sainte-) — Bolandoz — Cléron — Coulans — Crouzet (Le) — Déservillers — Doulaise — Éternoz — Fertans — Flagey — Gevresin — Lizine — Malans — Montmahoux — Nans-sous-Sainte-Anne — Refranche — Reugney — Saraz — Silley.

Canton d'Audeux (44 com.; 21,209 hect.; 10,438 h.). — Audeux — Auxon-Dessous — Auxon-Dessus — Berthelange — Boismurie — Burgille — Champagney — Champvans — Chaucenne — Chazoy — Chemaudin — Chevigney — Corcelle-Ferrière — Corcondray — Cordiron — Cottier — Courchapon — Dannemarie — École — Émagny — Étrabonne — Ferrière — Franey — François — Jallerange — Lantenne-et-Vertière — Lavernay — Mazerolle — Mercey-le-Grand — Miserey — Moncley — Moutherot (Le) — Noironte — Pelousey — Pirey — Placey — Pouilley-Français — Pouilley-les-Vignes — Recologne — Ruffey — Sauvagney — Serre — Vaux — Villersbuzon.

Canton de Besançon (Nord) (4 com.; 16,965 hect., avec le canton Sud; 25,254 h.). — Arcier — Besançon (Section de) — Chalèze — Chalezeule.

Canton de Besançon (Sud) (12 com.; 34,771 h.). — Arguel — Besançon (Section de) — Beure — Chevillotte (La) — Fontain — Gennes — Gratteris (Le) — Mamirolle — Montfaucon — Morre — Saône — Vèze (La).

Canton de Boussières (21 com.; 11,859 hect.; 7,059 h.). — Abbans-Dessous — Abbans-Dessus — Avanne — Aveney — Boussières — Busy —

DIVISIONS ADMINISTRATIVES.   35

Byans — Grand'Fontaine — Larnod — Montferrand — Osselle — Pugey — Rancenay — Roset-Fluans — Routelle — Thoraise — Torpes — Velesmes — Villars-Saint-Georges — Vorges — Vit (Saint-).

Canton de Marchaux (37 com.; 18,829 hect.; 8,305 h.). — Amagney — Battenans — Blarians — Bonnay — Braillans — Bretenière (La) — Cendrey — Champoux — Châtillon-le-Duc — Chaudefontaine — Chevroz — Corcelle-Mieslot — Cussey-sur-l'Ognon — Devecey — Flagey-Rigney — Genouille — Germondans — Marchaux — Mérey-Vieilley — Moncey — Novillars — Ollans — Palise — Rigney — Rignosot — Roche — Rougemontot — Tallenay — Thise — Thurey — Tour-de-Scay — Vaire-le-Grand — Vaire-le-Petit — Valentin — Valleroy — Venise — Vieilley.

Canton d'Ornans (28 com.; 26,891 hect.; 13,047 h.). — Amathay-Vésigneux — Bonnevaux — Chantrans — Charbonnières — Chassagne — Châteauvieux — Durnes — Échevanne — Foucherans — Granges-Maillot (Les) — Guyans-Durnes — Hôpital-du-Grosbois (L') — Lavans — Lods — Longeville — Maizières — Malbrans — Mérey-sous-Montrond — Montgesoye — Mouthier — Ornans — Saules — Scey-en-Varais — Tarcenay — Trepot — Villers-sous-Montrond — Voires — Vuillafans.

Canton de Quingey (35 com.; 25,172 hect.; 10,152 h.). — Arc-et-Senans — Bartherans — Brères — Buffard — By — Cademène — Cessey — Charnay — Châtillon-sur-Lison — Chay — Chenecey-Buillon — Chouzelot — Courcelles — Cussey-sur-Lison — Échay — Épeugney — Fourg — Goux — Lavans — Liesle — Lombard — Mesmay — Montfort — Montrond — Myon — Palantine — Paroy — Pessans — Pointvillers — Quingey — Rennes — Ronchaux — Rouhe — Rurey — Samson.

Arrondissement de Montbéliard (7 cant.; 160 com.; 107,761 hect.; 80,713 h.).

Canton d'Audincourt (23 com.; 12,881 hect.; 19,905 h.). — Abévillers — Allenjoie — Arbouans — Audincourt — Badevel — Bethoncourt — Brognard — Courcelles-lès-Montbéliard — Dambenois — Dampierre-les-Bois — Dasle — Étouvans — Étupes — Exincourt — Fesche — Grand-Charmont — Mandeure — Nommay — Sochaux — Taillecourt — Valentigney — Vieux-Charmont — Vougeaucourt.

Canton de Blamont (14 com.; 8,752 hect.; 9,643 h.). — Autechaux — Blamont — Bondeval — Dannemarie — Écurcey — Glay — Hérimoncourt — Meslières — Pierrefontaine — Roche-lès-Blamont — Seloncourt — Thulay — Vandoncourt — Villars-lès-Blamont.

Canton de Maîche (31 com.; 23,431 hect.; 11,321 h.). — Battenans — Belfays — Belleherbe — Blanchefontaine — Boulois (Le) — Bréseux (Les) — Cernay — Charmauvillers — Charmoille — Charquemont — Cour-Saint-Maurice — Damprichard — Droitfontaine — Écorces (Les) — Ferrières — Fessevillers — Fournet-Blancheroche — Frambouhans — Friolais (Le) — Goumois — Grange (La) — Maîche — Mancenans — Mont-de-Vougney — Orgeans — Provenchère — Thiébouhans — Trévillers — Urtière — Vaucluse — Vauclusotte.

Canton de Montbéliard (20 com.; 9,349 hect.; 15,191 h.). — Aibre

— Allondans — Bart — Bavans — Beutal — Bretigney — Désandans — Dung — Échenans — Issans — Julien (Saint-) — Laire — Lougres — Marie (Sainte-) — Montbéliard — Présentevillers — Raynans — Semondans — Suzanne (Sainte-) — Vernoy (Le).

Canton de Pont-de-Roide (24 com.; 15,920 hect.; 9,226 h.). — Berche — Bourguignon — Colombier-Fontaine — Dambelin — Dampierre-sur-le-Doubs — Écot — Feule — Goux — Mambouhans — Mathay — Maurice (Saint-) — Neufchâtel-Urtière — Noirefontaine — Pescux — Pont-de-Roide — Remondans — Rosières — Solemont — Vaivre — Valonne — Vermondans — Vernois-lès-Belvoir — Villars-sous-Dampjoux — Villars-sous-Écot.

Canton du Russey (22 com.; 18,829 hect.; 7,052 h.). — Barboux (Le) — Bélieu (Le) — Bizot (Le) — Bonnétage — Bosse (La) — Bretonvillers — Chamesey — Chenalotte (La) — Fontenelles (Les) — Grand'Combe-des-Bois (La) — Julien (Saint-) — Laval — Longevelle — Luhier — Mémont — Mont-de-Laval — Montbéliardot — Narbief — Noël-Cerneux — Plaimbois-du-Miroir — Rosureux — Russey (Le).

Canton de Saint-Hippolyte (26 com.; 18,599 hect.; 8,375 h.). — Bief — Burnevillers — Chamesol — Châtillon — Chaux — Courcelle — Courteontaine — Dampjoux — Fleurey — Froidevaux — Glère — Hippolyte (Saint-) — Indevillers — Liebvillers — Montancy — Montandon — Montécheroux — Montjoie — Montursin — Mouillevillers — Neuvier — Plains-et-Grands-Essarts (Les) — Soulce-Cernay — Valoreille — Vaufrey — Vernois-le-Fol.

Arrondissement de Pontarlier (5 cant.; 88 com.; 128,353 hect.; 50,056 h.).

Canton de Levier (15 com.; 28,078 hect.; 9,186 h.). — Arc-sous-Montenot — Boujailles — Bulle — Bians-les-Usiers — Chapelle-d'Huin — Courvière — Dompierre — Évillers — Frasne — Goux — Levier — Septfontaines — Sombacourt — Villeneuve-d'Amont — Villers-sous-Chalamont.

Canton de Montbenoît (17 com.; 19,816 hect.; 7,237 h.). — Allemands (Les) — Arc-sous-Cicon — Arçon — Aubonne — Bugny — Chaux (La) — Gilley — Gorgon (Saint-) — Hauterive — Lièvremont — Longeville (La) — Maison-du-Bois — Montbenoît — Montflovin — Ouhans — Renédale — Ville-du-Pont.

Canton de Morteau (7 com.; 15,100 hect.; 9,080 h.). — Combes (Les) — Fins (Les) — Grand'Combe (La) — Gras (Les) — Lac (Le) ou Villers — Montlebon — Morteau.

Canton de Mouthe (24 com.; 32,602 hect.; 9,172 h.). — Abergement-Sainte-Marie (L') — Antoine (Saint-) — Bonnevaux — Boujeon — Breyet-Maison-du-Bois — Chapelle-des-Bois (La) — Châtel-Blanc — Chaux-Neuve (La) — Crouzet (Le) — Fourcatier-et-Maison-Neuve — Gellin — Jougne — Longevilles (Les) — Métabief — Mouthe — Petite-Chaux (La) — Pontets (Les) — Reculfoz — Remoray — Rochejean — Rondefontaine — Sarrageois — Vaux-et-Chantegrue — Villedieu (La).

Canton de Pontarlier (25 com.; 32,757 hect.; 15,381 h.). — Bannans — Bouverans — Chaffois — Cluse-et-Mijoux (La) — Colombe (Sainte-) — Dommartin — Doubs — Fourgs (Les) — Granges-Narboz (Les) — Granges-Sainte-Marie — Grangettes (Les) — Hôpitaux-Neufs (Les) — Hôpitaux-Vieux (Les) — Houtaud — Malbuisson — Malpas — Montperreux — Oye-et-Palet — Planée (La) — Point (Saint-) — Pontarlier — Rivière (La) — Touillon-et-Loutelet — Verrières-de-Joux — Vuillecin.

X. — **Agriculture.**

Sur les 522,895 hectares du département, on compte en nombres ronds :

Terres labourables.	187,000 hectares.
Prés.	87,000
Vignes.	8,000
Bois.	120,000
Landes.	94,000

Le reste se partage entre les farineux, les cultures potagères, maraîchères et industrielles, les lacs, les étangs, les emplacements de villes, bourgs, villages, fermes, les surfaces prises par les routes, les chemins de fer, les cimetières, etc.

On compte dans le département 21,000 chevaux, ânes et mulets, et 127,000 bœufs. Les *chevaux* comtois, autrefois très-estimés pour la remonte de la cavalerie, ont beaucoup dégénéré. Pourtant ils ne manquent pas de vigueur et sont employés pour le train militaire et pour le halage. Les ânes et les mulets sont mauvais. Dans la Plaine, les bêtes à cornes ne se font remarquer ni par leur taille ni par leur vigueur. L'élevage y est généralement mal entendu, et la nourriture des bestiaux, ainsi que la disposition des étables, n'offrent pas toutes les conditions désirables de salubrité. Mais dans la Montagne, l'espèce bovine, robuste et bien proportionnée, se rapproche beaucoup de la race suisse. Les belles *vaches* comtoises donnent une quantité considérable de lait, qui alimente l'une des industries les plus importantes du pays, la *fromagerie*, dont la fabrication annuelle dépasse 5 millions de kilogrammes. — Le Doubs possède en outre 64,000 moutons, 32,000 porcs, 10,000 chèvres et plus de 10,000 chiens. De plus, 21,000 ruches donnent un miel estimé.

Sous le rapport agricole, le département est divisé en trois zones.

La PLAINE (au-dessous de 400 mètres d'altitude) comprend tout le territoire qui s'étend entre le Doubs et l'Ognon, et, se prolongeant vers le nord, embrasse aussi les cantons d'Audincourt et de Montbéliard. Dans cette première zone, on cultive toutes les espèces de céréales, mais en quantité insuffisante pour la consommation locale ; des légumes de toute sorte, le maïs, les pommes de terre, le chanvre et le lin ; on y trouve même quelques plantations de houblon. Les coteaux portent des *vignobles* d'assez grande étendue, dont quelques-uns produisent de bons vins. On signale les vins de Miserey, analogues à ceux de Château-Châlon (Jura) ; ceux de Byans, d'Abbans, etc., qui acquièrent un bouquet délicieux. Les arbres fruitiers, tels que l'abricotier, le prunier, le cognassier, réussissent parfaitement dans toute l'étendue de la zone. Le noyer y devient très-beau ; le pêcher et le cerisier y sont cultivés. Les forêts de cette première région sont composées principalement de charmes, hêtres, chênes, d'érables, de trembles, d'aunes, de bouleaux, etc.

A l'est de la Plaine, les cantons d'Amancey, de Blamont, d'Ornans, de Pierrefontaine, de Pont-de-Roide et de Vercel forment la MOYENNE-MONTAGNE (entre 400 et 800 mètres). Dans cette zone, l'abricotier disparaît. Les quelques hectares de vignes qui s'étendent au-dessus de 400 mètres ne donnent que des vins médiocres ; à part le noyer, les arbres fruitiers n'y sont pas nombreux ; les céréales prospèrent encore, mais deviennent plus rares ; le sapin commence à se montrer çà et là dans les bois, où l'on voit aussi l'orme, le charme, le frêne, le sycomore, qui y atteint quelquefois une hauteur de 20 mètres ; le merisier, le pommier et le poirier sauvages, le houx et le genévrier, qui y prennent un grand développement. Le chêne et l'érable y sont beaucoup moins communs que dans la Plaine.

Dans la HAUTE-MONTAGNE (de 800 à 1,500 mètres), c'est-à-dire dans l'arrondissement de Pontarlier et dans une partie de l'arrondissement de Montbéliard, les cultures les plus ordinaires sont les légumes, l'orge et l'avoine ; mais plusieurs communes cultivent le froment. On n'y trouve pas d'arbres fruitiers. Sur le revers des montagnes sont de magnifiques *pâturages*, où paissent les belles vaches comtoises. Les forêts sont formées exclusivement de sapins et surtout d'épicéas.

La flore du haut Jura est excessivement riche et variée. Les cimes jurassiques offrent certaines espèces inconnues dans le midi de la France et dans les contrées boréales.

Nous avons fait connaître les essences dont se composent les bois du département. Il nous reste à citer les principales **forêts**, dont l'exploitation est une source de richesse pour la contrée, car l'État n'y possède que 4,750 hectares. Il n'est guère de localités dans le Doubs qui n'ait au moins quelque parcelle de bois sur son territoire.

La forêt de Chailluz a 2,944 hectares, celle de Thise 1,620, celle du Scey 1,441, celle de l'Hôpital-du-Grosbois 1,318, celle de la Grand'Côte 1,280, celle du Noirmont 1,226, celle de la Côte-du-Mont 1,060, la forêt d'Arc 1,007, etc. La forêt de Levier est une des plus belles forêts de sapins que possède la France. La forêt de Chaux (20,000 hectares) s'étend presque tout entière sur le département du Jura.

XI. — Industrie; mines.

Le Doubs et l'Ognon roulent, dit-on, des *sables aurifères*. Mais la principale richesse minérale du département consiste dans ses **mines de fer**. Les mines exploitées sont celles de Bournois, Deluz, Exincourt, des Fourgs, de Grand-Vaire, du Jay-Rouge, de Laissey, Rougemontot, Roulans et Souvance. La mine de fer de Bournois, concédée sur 187 hectares, produit annuellement 800 quintaux métriques de minerai, fondu au haut fourneau de Fallon. La concession de Deluz comprend 128 hectares; ses produits s'exportent dans le Midi. La mine d'Exincourt (320 hectares) est exploitée par la Compagnie des Forges d'Audincourt. La concession des Fourgs ne comprend que 13 hectares; celle de Grand-Vaire, appartenant à la Société des Hauts fourneaux, fonderies et forges de la Franche-Comté, 331 hectares. La mine du Jay-Rouge (62 hectares), dont la couche a $3^m,50$ d'épaisseur, est exploitée par la Compagnie Schneider, du Creuzot (Saône-et-Loire), comme celle de Laissey (310 hectares). La mine de Rougemontot (366 hectares) alimente les hauts fourneaux de Fallon, Larians, Loulans et Breurey (Haute-Saône). Enfin les concessions de Roulans et de Souvance ont l'une 276 hectares, l'autre 79. Toutes ces mines ensemble produisent annuellement environ 450,000 quintaux de minerai.

Miserey et Châtillon-le-Duc ont des mines de *sel gemme*.

Parmi les *carrières de marbre*, nous citerons celles de Malpas, Recologne, Arguel et Pouilley-les-Vignes (marbre noir), et surtout les carrières de Baume-les-Dames, dont les beaux blocs de marbre rouge offrent quelquefois des traces de cristallisation. — Il existe deux carrières d'*albâtre*, l'une à Arçon et l'autre à la Rivière.

On compte dans le département 1,085 *carrières de pierre;* mais elles ne sont pas toutes exploitées. Nommons celles d'Amancey, d'Abbans-Dessus, Autechaux-lès-Blamont, Arguel (calcaire noir), Montlebon et Thulay; les abondantes carrières de Velesmes et Boussières, qui fournissent des pierres de diverses couleurs, d'un grain très-fin ; celles de Clerval, de Gémonval, dont les pierres calcaires imitent le marbre;

les anciennes carrières de Vergenne, dans la commune de Cléron, etc.
— Le Doubs possède environ 25 tuffières ou *carrières de tuf*. Les tuffières exploitées sont celles d'Amondans, de Charmauvillers, Cuisance, Fertans, Guillon, Saint-Hippolyte, Liebvillers, Mouthier, Nans-sous-Sainte-Anne, Orgeans, Pierrefontaine-les-Varans, Plaimbois, Solemont, Trouvans et Vaufrey. — Le territoire de Fourg offre une carrière de *pierre à ciment*. — La *chaux* se rencontre presque partout. — 20 carrières donnent un *gypse* ou *plâtre* strié d'excellente qualité; elles sont réparties dans les communes d'Arguel, de Baume-les-Dames, Beure, Champvans et des Ougney. — Les *marnières*, celles de Gondenans-les-Moulins entre autres, sont utilisées pour l'amendement des terres. — L'Ognon fournit du *sable* pour moulage.

Deux *mines de houille* non utilisées, à Gémonval (2,056 hectares) et au Vernoy (650 hectares), s'étendent aussi dans le département de la Haute-Saône. A la mine de Gémonval, l'épaisseur de la couche est, en moyenne, de 80 centimètres. — Il existe plusieurs gisements de *lignite* dans le département : le plus considérable est celui du Grand-Denis (commune de Flangebouche), qui n'est plus exploité depuis 1840. — Des *schistes bitumineux*, exploités à Mouthier, se trouvent dans le lias par couches d'une puissance généralement considérable; la poix minérale et l'asphalte se rencontrent aussi sur quelques points du territoire. — Le nombre des *tourbières* est de 65, et leur produit annuel d'environ 215,000 quintaux.

Les *sources minérales* du Doubs sont peu nombreuses : ce sont celles d'Arçon; les eaux ferrugineuses et sulfureuses de la Chaux-du-Milieu, près de Cerneux-Péquignot; les eaux gazeuses, ferrugineuses et iodurées du Lac ou Villers; celles de Morteau, ferrugineuses, et les eaux froides sulfureuses, qui jaillissent, au pied du mont Guillon, dans la vallée du Cuisancin, près de Baume-les-Dames. L'eau de Guillon, utilisée dans un établissement bien installé, appartient à la classe des eaux sulfureuses froides, sulfurées-calcaires-sulfhydriquées. Sa sulfuration peu élevée la rend très-avantageuse dans le traitement des affections des organes respiratoires, contre les dyspepsies, les maladies de la peau et celles qui en dérivent. — Audeux et Saint-Hippolyte ont des *sources salées*; Soulce, un puits salé dont les eaux ont été longtemps utilisées.

Le département du Doubs (22,000 ouvriers) possède deux branches d'industrie manufacturière considérables : la métallurgie et l'horlogerie. Le plus grand nombre des **usines à fer** appartiennent à deux Compagnies : 1° la Société anonyme des Hauts fourneaux, fonderies et forges de Franche-Comté, dont le siège social est à Besançon, mais qui possède aussi de nombreux établissements industriels dans les départements du Jura et de la Haute-Saône ; 2° la Compagnie des Forges d'Audincourt. Ces usines ont fabriqué ensemble, en 1876 : 30,677 quintaux métriques de fonte au combustible végétal ; 29,987 quintaux de fers au combustible végétal, et 2,425 au combustible minéral ; 26,500 quintaux de tôles au combustible végétal, et 7,733 au combustible minéral.

Les principales usines métallurgiques du Doubs sont : les *forges* d'Audincourt (400 ouvriers) et de Bourguignon (tôles), les *hauts fourneaux* de Pont-de-Roide (fabrication de grosse quincaillerie, fonderie en fonte et en cuivre, fabrique de scies, acier laminé) et de Clerval ; les forges de Chenecey-Buillon (3 feux d'affinerie, tréfilerie, laminage et pointerie), qui emploient 140 ouvriers ; les usines à fer de Châtillon-sur-Lison, de Lods et celles de Gouille, qui fabriquent annuellement, outre une quantité variable de tôle, 5,300 quintaux métriques de fer-blanc. Nous citerons aussi les usines de Casamène (atelier de construction de machines), à 2 kilomètres de Besançon, et celles de Vuillafans (2 foyers d'affinerie, clouterie mécanique).

Il existe, en outre, des forges (tréfilerie et clouterie) à Saint-Hippolyte et à Liebvillers.

Montlebon et les Gras possèdent des *fonderies* de cuivre ; Morteau, 2 fonderies de cloches ; Montbéliard, Vougeaucourt, Morteau, Ornans, Pontarlier, Vuillafans et Seloncourt, des fonderies de fer ; Roche-lès-Blamont, Meslières, des aciéries ; l'Isle-sur-le-Doubs et Lods (plus de 200 ouvriers), des tréfileries. Parmi les clouteries, nous mentionnerons celles de Lods (clouterie et quincaillerie), Jougne, Ornans (clouterie et tréfilerie) et Vuillafans (clouterie et robinetterie). Aux tréfileries de Montbéliard, de la Ferrière-sous-Jougne et de Quingey sont adjointes des pointeries. La serrurerie, la visserie et la boulonnerie fine se fabriquent à Dampierre-les-Bois, à Étupes, à l'Isle-sur-le-Doubs (400 ouvriers), et surtout dans le bel établissement de MM. Jappy, à Feschotte-le-Haut. Il sort annuellement de cette maison 25,000 grosses de vis diverses, 8 ou 10 millions de boulons, et de 150,000 à 200,000 kilogrammes de rivets. — On rencontre des *fabriques de limes* à Montbéliard, Métabief, Pont-de-Roide, Hérimoncourt et à Vandoncourt ; de scies, de pièces détachées pour filatures, d'outils, limes, burins et de *grosse quincaillerie*, à Valentigney ; de scies, à Pont-de-Roide (*V.* ci-dessus) ; de pinces et outils, aux Ougney-Douvot ; des fabriques de chaudronnerie, aux Gras, à Montlebon et à Pontarlier ; de machines à coudre, à Audincourt. — Les *taillanderies*, assez nombreuses, sont celles de Baume, Bremondans, Cuisance, du Bélieu, de Bief, de la Chaux-Neuve, de Buffard, Byans, Lods, Myon, Ornans, Quingey, Thoraise, de Cléron, de la

Cluse-et-Mijoux, de Cour-Saint-Maurice, Droitfontaine, Maisonnettes, Nans-sous-Sainte-Anne, Sancey-le-Long, Éternoz, Fertans, Guillon, Goumois, la Grand'Combe-des-Bois, Saint-Hippolyte, l'Isle-sur-le-Doubs, Laval, Levier, Lizine, etc. Cuisance et Hérimoncourt ont des ateliers de construction de machines; Morteau, Ornans et Vuillafans, des fabriques de pompes à incendie; Lombard et l'Isle-sur-le-Doubs, des fabriques de filières; Saint-Antoine, Ferrière-sous-Jougne, Hyèvre-Paroisse, les Gras, Métabief, Montlebon, Myon, Rigney et Valentigney, des fabriques d'instruments aratoires; la Grand'Combe, les Gras, la Ferrière-sous-Jougne, Jougne, Maison-du-Bois, Morteau, Nans-sous-Sainte-Anne, des fabriques de faux; Ornans, une fabrique de rasoirs. Bremondans et Charmauvillers comptent plusieurs ateliers de maréchalerie. — A Bart et à la Roche, des *fabriques d'ustensiles en fer battu* émaillé occupent de nombreux ouvriers. La Roche produit des ustensiles de ménage. A Meslières est établie une fabrique d'acier cannelé pour l'horlogerie; aux Fourgs, une fabrique de burins; à Villars-lès-Blamont, une fabrique d'étuis, chaînes et couvercles de pipes; à Glay, une fabrique de porte-monnaie; à Mandeure, une fabrique de papier de bois.

L'**horlogerie** occupe, à Besançon seulement, environ 13,000 ouvriers, ayant fabriqué en 1876 455,568 montres d'or ou d'argent, d'une valeur totale de plus de 15 millions, c'est-à-dire les 88 centièmes de ce qui se vend sur le marché français. A Montbéliard, la fabrication de la grosse et de la petite horlogerie donne une production annuelle de plus d'un million de francs. Les autres localités qui s'occupent de la fabrication de l'horlogerie sont trop nombreuses pour être citées ici.

Le Doubs compte plusieurs *filatures de coton*, dont la plupart avec tissage. Ce sont celles d'Audincourt (210 ouvriers), de Colombier-Fontaine, Courcelles-lès-Montbéliard (115 ouvriers) et Montbéliard. Vieux-Charmont ne possède que des *tissages*. Saint-Hippolyte a une *filature de laine*. Colombier-Châtelot fabrique des toiles de coton. On trouve une foulerie à Montbéliardot, des blanchisseries de toiles à Arcier et à Chalèze, des *papeteries* à Deluz et à Geneuille; à Chevroz, une usine pour la préparation des chiffons destinés à la papeterie de Geneuille.

La *saline d'Arc* a été fondée par le gouvernement en 1775, et vendue, en 1843, à la Compagnie des Salines de l'Est. Elle est alimentée par l'eau du banc salifère de Salins (Jura), que des conduits en fonte y amènent d'une distance de 21 kilomètres. Elle fabrique en moyenne par an 40,000 quintaux métriques de sel, 250 de sulfate de soude et 250 de chlorure de potassium. Les bâtiments destinés à la graduation, procédé dont on ne se sert plus aujourd'hui, ont été transformés en scieries. Il existe aussi des salines à Miserey et à Châtillon-le-Duc.

Plusieurs *tanneries* sont établies à l'Abergement-Sainte-Marie, Baume-les-Dames, Besançon, Charquemont, Châtel-Blanc, Damprichard, Saint-Hippolyte, Cour, la Grand'Combe, Pierrefontaine, Sancey-le-Grand, Maîche, Montbéliard, Morteau, Mouthier, Pontarlier, Quingey, Nods, Ornans, Vercel, Vuillafans, la Rivière et au Russey. Outre les fabriques de kirsch de Lods et de Mouthier, il existe à Ornans une fabrique de liqueurs réputée. La distillation des plantes aromatiques, pour la fabrication de l'*absinthe* et de l'eau de cerises dite de la Vallée, a pris à Pontarlier une grande extension depuis quelques années. Les champs qui avoisinent la ville sont la plupart consacrés à la culture de l'absinthe. La distillerie de Roche est une des plus importantes de France. Il existe des distilleries de gentiane à Mouthe, Rochejean et Grand'Combe-des-Bois. — Parmi les teintureries, nous nommerons celles de Charquemont, Colombier-Fontaine, Dambelin, Saint-Hippolyte, la Longeville, Montlebon, Orsans, des Maisonnettes, de Pouligney, d'Ornans, de Quingey et de la Sommette; parmi les huileries, celles de Bannans, Besançon, Blussans, Bonnevaux (canton de Mouthe), Chalèze, Chamesol, Champlive, la Cluse-et-Mijoux, Colombier-Fontaine, Fourg, Glay, Pierrefontaine-lès-Varans, Quingey, Pontarlier, Rennes, Saint-Vit, Vorges, etc. Montbéliard a une importante fabrique de meules à l'émeri. Saint-Hippolyte et Quingey fabriquent des articles de vannerie. La marbrerie de Nods est la seule du département. Une grande *verrerie* est établie à Montferrand. A Valentigney, se trouvent de belles fabriques de pièces détachées pour filatures. Vercel produit du pain d'épice estimé. Audincourt possède une fabrique de chicorée.

Pour terminer l'énumération des nombreux établissements industriels du département, indiquons des fabriques de machines à battre à Lods, à Ornans, où se trouvent aussi plusieurs fabriques de meubles; des fabriques de boissellerie à Athose et à Pontarlier; de cardes à Montbéliard; de caisses de sapin à Châtel-Blanc, à Chaux-Neuve et à Saint-Hippolyte; d'ustensiles en bois à Gilley, de sulfate de fer à Seloncourt, d'acide pyroligneux à l'Hôpital-du-Grosbois, de cailloutage et porcelaine opaque à Nans-sous-Sainte-Anne; des corderies à Arc-et-Senans, Pouilley-les-Vignes et Saint-Vit; des brasseries à Besançon, Montbéliard, Morteau, Ornans, Pontarlier, Pont-de-Roide, Sochaux; des imprimeries à Besançon, Montbéliard et Pontarlier. Baume-les-Dames est renommée pour ses pâtes de coings et ses craquelins. Enfin on compte dans le département 25 fours à plâtre et environ 140 tuileries, produisant annuellement 16 millions de tuiles, et dont les plus importantes sont celles d'Audincourt et d'Autechaux. Le nombre des scieries et des moulins est très-considérable.

XII. — Commerce, chemins de fer, routes.

En 1876, le département du Doubs a *exporté* : 1,647 chevaux, juments et poulains ; 6,333 bœufs, vaches et veaux ; 17,547 porcs, 89,063 quintaux métriques de grains, 47,323 quintaux de farines, 82,248 quintaux d'autres céréales, 25,108 quintaux de pommes de terre, 2,508 quintaux de légumes secs, 172,291 hectolitres de vins, 3,644 hectolitres d'eaux-de-vie et liqueurs, 440,000 kilogrammes d'huiles de graines, 1,332,862 kilogrammes de tourteaux. Le commerce d'exportation consiste, en outre, en fers bruts ou forgés, en tôles laminées, fils de fer, fonte, fers-blancs, cuivre, grosse quincaillerie, boulonnerie, ustensiles en fer battu émaillé, scies, limes, faux, cardes, et surtout en horlogerie, qui s'expédie en Angleterre, en Amérique, en Allemagne, en Hollande, en Espagne et en Italie. Les fromageries fournissent à l'industrie commerciale plus de 5 millions de kilogrammes. Les forêts donnent de magnifiques bois de sapin qui descendent en trains le Doubs et la Loue. La bonneterie, les produits des filatures, des tissages et des papeteries, le marbre, la pierre à bâtir, la tourbe, les cuirs de Montbéliard, les plantes aromatiques pour la distillation, l'absinthe, le kirsch, le beurre, les poteries et les tuiles, la boissellerie, etc., sont les autres aliments du commerce d'exportation du département, qui est en partie un commerce de transit.

Le Doubs importe des vins, des liqueurs, des houblons d'Alsace pour ses brasseries, des bestiaux, des denrées coloniales, de l'huile d'olives, des articles de modes, de nouveautés, d'épicerie, de librairie, etc., et environ 480,000 quintaux métriques de houille, provenant des bassins de la Loire, de Ronchamp (Haute-Saône), du Creuzot, de Blanzy et d'Épinac (Saône-et-Loire).

Le département du Doubs est traversé par six chemins de fer d'un développement total de 251 kilomètres :

1° Le chemin de fer *de Dole à Belfort* quitte le département du Jura pour entrer dans le Doubs à 1 kilomètre environ avant la station de Saint-Vit. Il dessert Saint-Vit, Dannemarie, Franois, Besançon, Roche, Laissey, Baume-les-Dames, Clerval, l'Isle-sur-le-Doubs, Colombier-Fontaine, Vougeaucourt et Montbéliard, avant de passer, à

4 kilomètres au delà de cette ville, dans le département de la Haute-Saône, après un parcours total de 101 kilomètres dans celui du Doubs.

2° Le chemin de fer *de Dole à Neuchâtel* passe du département du Jura dans celui du Doubs à 2 kilomètres avant la station d'Arc-et-Senans. Il en sort à 1 kilomètre environ après cette même station, pour n'y rentrer qu'au sortir de la forêt de la Joux, à 3 kilomètres au delà de la station de ce nom. Il dessert Boujeailles, Frasne, la Rivière, et sort définitivement du Doubs pour entrer en Suisse, à 12 kilomètres de la station de Pontarlier, après un parcours total de 43 kilomètres dans le département du Doubs.

3° Le chemin de fer *de Besançon à Mouchard* se détache de la ligne de Dole à Belfort, à Franois (7 kilomètres de Besançon), et se relie à la ligne de Dole à Neuchâtel, à Arc-et-Senans, après un parcours de 35 kilomètres. Il dessert les gares et stations de Besançon, Franois, Montferrand, Torpes, Byans, Liesle et Arc-et-Senans.

4° Le chemin de fer *de Besançon à Vesoul* quitte le département à 5 kilomètres au delà de Rigney, après un parcours de 35 kilomètres, pendant lesquels il dessert les gares de Miscrey, Auxon, Devecey, Moncey et Rigney.

5° Le chemin de fer *de Montbéliard à Delle et à Porrentruy* passe dans le Territoire de Belfort au delà de la gare de Fesche. Son parcours est d'environ 18 kilomètres dans le département, où il dessert Montbéliard, Audincourt, Beaucourt et Fesche.

6° Le chemin de fer *de Pontarlier à Lausanne* se détache de la ligne de Neuchâtel à 3 kilomètres 1/2 de Pontarlier, dessert les stations du Frambourg et des Hôpitaux-Jougne, puis entre en Suisse après un parcours de 19 kilomètres.

Un septième chemin de fer reliera prochainement Besançon, d'une part à Ornans et à Lods, d'autre part à Morteau et au Locle.

Les voies de communication comptent 7,382 kilomètres et demi, savoir :

6 chemins de fer.		251 kil.
5 routes nationales.		305 1/2
25 routes départementales		532 1/2
3,323 chemins vicinaux... { 47 de grande communication.	1,009 1/2	
33 de moyenne communication.	315 1/2	6,158 1/2
3,243 de petite communication.	4,833 1/2	
1 canal.		135

XIII. — Dictionnaire des communes.

Abbans-Dessous, 202 h., c. de Boussières. ⟶ Église du XII° s.; belle dalle tumulaire du XIII°.
Abbans-Dessus, 170 h., c. de Boussières. ⟶ Château du XI° s.
Abbenans, 690 h., c. de Rougemont.
Abergement-du-Navois (L'), 201 h., c. d'Amancey.
Abergement-Sainte-Marie (L'), 491 h., c. de Mouthe.
Abévillers, 476 h., c. d'Audincourt. ⟶ Grotte et source de la Doue.
Accolans, 250 h., c. de l'Isle-sur-le-Doubs.
Adam-lès-Passavant, 204 h., c. de Baume-les-Dames.
Adam-lès-Vercel, 112 h., c. de Vercel.
Aibre, 254 h., c. de Montbéliard.
Aïssey, 272 h., c. de Baume-les-Dames.
Alaise, 127 h., c. d'Amancey. ⟶ Ruines celtiques et gallo-romaines. Un certain nombre d'archéologues ont cru reconnaître dans Alaise l'*Alesia* des Commentaires de César, que d'autres placent à Alise-Sainte-Reine, ou à Izernore; mais Alise-Sainte-Reine, par sa position géographique et sa topographie, se rapporte mieux au texte de César. Toutefois de nombreuses découvertes d'antiquités prouvent qu'il a existé sur le massif d'Alaise un immense oppidum gaulois.
Allemands (Les), 217 h., c. de Montbenoît.
Allenjoie, 491 h., c. d'Audincourt. ⟶ Château féodal.
Allondans, 188 h., c. de Montbéliard.
Amagney, 516 h., c. de Marchaux.
Amancey, 705 h., ch.-l. de c., arr. de Besançon. ⟶ Monolithe, haut de 59 mèt., appelé Toum-Tâtre ou Poupée des Vieilles-Vignes. — Pierre druidique haute de 5 mèt.
Amathay-Vésigneux, 395 h., c. d'Ornans.
Amondans, 244 h., c. d'Amancey. ⟶ Tumuli celtiques. — Cascade.

Anne (Sainte-), 92 h., c. d'Amancey. ⟶ Ruines d'une forteresse, démantelée au XVII° s.
Anteuil, 458 h., c. de Clerval.
Antoine (Saint-), 290 h., c. de Mouthe. ⟶ Magnifique tilleul devant l'église.
Appenans, 278 h., c. de l'Isle-sur-le-Doubs.
Arbouans, 152 h., c. d'Audincourt.
Arc-et-Senans, 1,354 h., c. de Quingey. ⟶ Le bâtiment principal de la saline rappelle l'architecture des anciennes barrières de Paris; il est en effet du même auteur, l'architecte Ledoux. — Église, moderne, enrichie par la reine Christine d'Espagne de verrières, de tableaux de maîtres (Martyre de saint Bénigne, par Giacomelli; histoire de la Vierge en 4 toiles, par Claude Vignon; Rédemption, de Pereda; la Vierge au donataire, de G. de Crayer, dans la chapelle de Saint-Isidore; Saint Joseph et l'Enfant Jésus, de Murillo; le Christ et la Chananéenne, de Carrache; Sainte Famille, de Schidone) et de revêtements en marbre. — Château moderne de Roche-sur-Loue.
Arc-sous-Cicon, 970 h., c. de Montbenoît. ⟶ Entonnoirs où se perdent les ruisseaux de la Rasse, des Cornes et du Moulin-Babillard.
Arc-sous-Montenot, 516 h., c. de Levier. ⟶ Belle église ogivale récente.
Arcey, 743 h., c. de l'Isle-sur-le-Doubs.
Arcier, 33 h., c. (Nord) de Besançon. ⟶ Sources importantes alimentant Besançon; deux sources formant cascade.
Arçon, 678 h., c. de Montbenoît.
Arguel, 89 h., c. (Sud) de Besançon. ⟶ Caverne de la Baume-Saint-Georges, ou chapelle de la Chèse. — Ruines d'un château féodal.
Athoze, 234 h., c. de Vercel.
Aubonne, 475 h., c. de Montbenoît. ⟶ Entonnoir où se perd la source d'Aubonne.

Audeux, 131 h., sur une colline dominant le ruisseau de Recologne, ch.-l. de c., arrond. de Besançon.
Audincourt, 4,258 h., bourg industriel sur le Doubs, ch.-l. de c., arrond. de Montbéliard. ⟶ Fortes sources du Puits-du-Clôtre et de Pomme-Ronde.
Autechaux, 182 h., c. de Baume-les-Dames.
Autechaux, 285 h., c. de Blamont.
Auxon-Dessous, 253 h., c. d'Audeux.
Auxon-Dessus, 202 h., c. d'Audeux.
Avanne, 491 h., c. de Boussières. ⟶ Ruines d'un château féodal.
Aveney, 176 h., c. de Boussières.
Avilley, 292 h., c. de Rougemont.
Avoudrey, 509 h., c. de Vercel.
Badevel, 991 h., c. d'Audincourt. ⟶ Grottes conduisant au puits intermittent dit Creux-de-Malefosse.
Bannans, 447 h., c. de Pontarlier.
Barboux (Le), 337 h., c. du Russey.
Bart, 729 h., c. de Montbéliard.
Bartherans, 153 h., c. de Quingey.
Battenans, 261 h., c. de Maîche. ⟶ Roche de Baal.
Battenans, 138 h., c. de Marchaux.
Baume-les-Dames, 2,762 h., ch.-l. d'arr., sur la rive dr. du Doubs et près du canal du Rhône au Rhin. ⟶ Ancienne église abbatiale servant de *halle*. — *Bibliothèque publique* de 3,000 vol.
Bavans, 1,102 h., c. de Montbéliard.
Belfays, 69 h., c. de Maîche.
Bélieu (Le), 508 h., c. du Russey. ⟶ Entonnoir où s'abîment les ruisseaux de la Combe et des Belles-Seignes.
Belleherbe, 625 h., c. de Maîche.
Belmont, 114 h., c. de Vercel.
Belvoir, 312 h., c. de Clerval. ⟶ Ruines d'un château féodal.
Berche, 135 h., c. de Pont-de-Roide.
Berthelange, 206 h., c. d'Audeux.
Besançon, 54,404 h., ch.-l. du département, place forte de 1re classe, siège d'un grand commandement militaire (7me corps d'armée), d'une école d'artillerie, d'un archevêché, d'une académie, d'une faculté des sciences et d'une faculté des lettres, d'une école préparatoire de médecine. Située à 250 mèt. environ d'altitude, sur la rive g. du Doubs et dans une presqu'île circulaire formée par un contour de cette rivière, elle est adossée à un massif rocheux (368 mèt.) qui en a été de tout temps la citadelle. De l'autre côté du Doubs, la partie N. de la ville est assise sur des pentes, dont le point culminant (294 mèt.), *Charmont*, est défendu par le *fort Griffon* (1595). La citadelle, entourée d'un cirque de montagnes qui toutes la dominent, se relie, au S., par un isthme, au mont de *Trochâtey* (581 mèt.), muni de deux fortins. Elle n'est séparée que par la largeur du Doubs, à l'E., du mont de *Bregille* (442 mèt.) et de son appendice *Beauregard* (316 mèt.), couronnés chacun par un fort; à l'O., du mont de *Chaudanne*, qui porte également un fort (419 mèt.). Depuis 1871, le périmètre de la défense de Besançon a été agrandi. Des forts détachés ont été construits sur les hauteurs de Chailluz, de Châtillon, de Rognon, de Planoise, de Fontain, de la chapelle des Buis et de Montfaucon.

⟶ *Porte Noire* (mon. hist.), arcade romaine, large de 5 mèt. 60 c. sur 10 mèt. environ de hauteur, encadrée par huit colonnes formant deux étages, et couverte de sculptures allégoriques et militaires. Cet édifice paraît dater de l'époque des Antonins. Une restauration, qui date de 1820, a substitué un fac-similé moderne à une moitié du monument qui tombait en ruine. — *Porte Taillée* (1,500 mèt. environ de la porte Rivotte, sur la route d'Ornans), large échancrure de rochers consolidés par deux arcades en maçonnerie. Elle a été ouverte par les Romains pour donner passage à l'aqueduc des eaux *d'Arcier* (le nouvel aqueduc est au-dessus du canal antique, qui existe encore en partie), et agrandie sous Louis XV, pour le passage de la route de la Suisse. — Ruines du *Capitole*, retrouvées, en 1867, par M. Castan, bibliothécaire de la ville. — Le pont de Battant a encore pour noyau le pont romain, aux voussures majestueuses. Près de la cathédrale, vestiges importants du *théâtre romain* (datant probablement du règne de Marc-Aurèle), retrouvés par M. Castan, en 1870 et 1872, et transformés en un « square archéologique, » par les soins de M. Ducat.

La *cathédrale* (mon. hist.), consacrée à saint Jean, reconstruite à diverses époques, manque de façade principale et se termine à chaque extrémité par une abside sans collatéral. L'abside principale, qui constitue le chœur des chanoines, remonte aux xi*, xii* et xiii* s.; le corps de l'église est du xi* et du xii* s.; le clocher, le portail et la chapelle du Saint-Suaire datent du xviii* s. Plusieurs chapelles latérales, des xv* et xvi* s., ont été restaurées en 1859 par le cardinal Mathieu, qui a fait creuser (1864), sous l'une d'elles, une crypte élégante, abritant les restes de huit princes de la famille des comtes de Bourgogne. Parmi les œuvres d'art qui décorent l'intérieur de Saint-Jean, on remarque surtout : — (dans la chapelle du Saint-Suaire) la Résurrection de Jésus-Christ, tableau par Carle Vanloo; des Scènes de la Passion, par Natoire et de Troy ; une statue du cardinal de Rohan, par Clésinger père ; un buste de Pie VI, par Joseph Pisani ; — (près du portail) la Mort de Saphire, par Sébastien del Piombo ; le *mausolée* de l'abbé Ferry Carondelet, ami d'Érasme et de Raphaël († 1528);—dans la petite nef d'aval, une Vierge entourée de saints, œuvre magistrale de Frà Bartolomeo, dans laquelle se trouve la figure agenouillée de Ferry Carondelet, donateur de cette peinture. Les deux Anges qui décorent l'extrémité du maître-autel, en marbre blanc, sont de Luc Breton (xviii* s.). Au fond de la principale abside est conservé un marbre circulaire, creusé en forme de rose et orné de symboles chrétiens, qui remonte à 1048, époque où le pape Léon IX le consacra sur le maître-autel de Saint-Étienne. L'horloge, construite par M. Vérité, de Beauvais (1860), est une imitation de celle de Strasbourg. — L'*église Notre-Dame*, ancienne abbatiale de Saint-Vincent, est moderne, sauf les colonnes (xi* s.) de la grande nef et le clocher (xvi* s.). — *Sainte-Madeleine* fut commencée en 1746, sur l'emplacement d'une église du xi* s. démolie en 1734. La façade est flanquée de deux tours achevées vers 1830. A l'intérieur, bons tableaux, notamment un Christ, de Porbus (?), une Sainte Famille, de Quellinus, et un ex-voto, peinture italienne du xvi* s. — *Saint-François-Xavier*, érigée par les Jésuites en 1680, renferme un bon tableau de Pietro di Pietri (au maître-autel), un Miracle de saint Ignace, par Restout, et un Jésus parmi les Docteurs, d'Ant. Dieu. — A *Saint-Pierre* (xviii* s.), beau groupe de Luc Breton (le Christ mort sur les genoux de sa Mère), et la Vierge avec l'enfant, par Clésinger. — A *Saint-Maurice*, boiseries sculptées, provenant de l'ancienne abbaye de la Charité, et riche chasuble ayant appartenu à saint François de Sales. — Joli dôme du *Refuge* (3 bons tableaux de Jollin), aujourd'hui chapelle des hospices, bâti vers 1734. — Chapelle du collège catholique de Saint-François-Xavier, construction moderne dans le style du xiii* s. (fresques de M. Édouard Baille). — Dans l'*église des Capucins* (banlieue), récemment construite, deux tableaux du même artiste et trois peintures murales de M. Sublet, de Lyon. — L'ancienne *église du Saint-Esprit* (xiii* s.) sert au culte protestant. Sous le porche, moderne, s'ouvre une cour où l'on voit une belle galerie en bois, du xv* s. — *Synagogue*, de style mauresque (1868). — Plusieurs autres églises ne servent plus au culte. *Saint-Paul* (xiv* et xv* s.) sert d'écurie pour l'artillerie. Les bâtiments de l'abbaye ont été transformés en habitations particulières ; l'ancienne cuverie est devenue un magasin à fourrages, sur lequel on lit la date de 1531. —L'*église des Grands-Carmes* (aujourd'hui cercle militaire), qui se reliait au palais de Granvelle, a encore pour annexe la chapelle, du style Renaissance, où reposèrent, jusqu'à la Révolution, le garde des sceaux de Charles-Quint et le cardinal premier ministre de Philippe II. — Le *palais archiépiscopal* a été rebâti au xvii* s. par l'archevêque François-Joseph de Grammont. Il ne reste, des constructions antérieures à cette époque, qu'une grosse tour et la chapelle

Palais de justice, à Besançon.

(xv°), récemment ornée de peintures et de boiseries sculptées. Le splendide mobilier de l'archevêché, légué en grande partie par le cardinal de Rohan (1833), comprend, entre autres bons tableaux, un Paul Véronèse. — *Séminaire diocésain* (xvii° et xviii° s.).

Le *palais Granvelle* (mon. hist. du xvi° s.), édifié de 1534 à 1540, par le garde des sceaux de Charles-Quint, est une construction dans le goût de la plupart des palais d'Italie. On y remarque surtout la porte d'entrée et les sculptures des lucarnes. La cour intérieure est entourée d'un portique ouvert. Ce bel hôtel est affecté aux sociétés savantes de Besançon. — La *Préfecture* est l'ancien palais des intendants de la Franche-Comté, construit de 1771 à 1780, par l'architecte Louis. Les salons offrent de belles boiseries sculptées. — L'*hôtel de ville* (xvi° s.) offre une façade de pierres à bossage noircies. Dans les salles, portraits de huit princes de la famille des comtes de Bourgogne, du maréchal Moncey, des généraux Donzelot, Morand, Baudrand, Bernard, Marulaz et Pajol. — Le *Palais de justice* a une jolie façade de la Renaissance (1582-1585) et une magnifique salle d'audiences solennelles (1745-1749). — *Théâtre* (1778), restauré et agrandi en 1857. — La *halle aux grains* (1843) renferme, au 1er étage, les musées d'art et d'archéologie. — *Ancien grenier de la ville* (1722), où sont les écoles d'horlogerie et de musique. — *Hôpital Saint-Jacques* (1666). Une fort belle grille, exécutée en 1705 par le serrurier bisontin Chappuis, ferme la cour, qui est entourée de portiques. Le mobilier de la pharmacie date du xvii° s.

La *citadelle* fut commencée en 1668 par l'ingénieur d'Aspremont, sur les plans de Vauban. Les Espagnols, redevenus maîtres de la ville, continuèrent les travaux et construisirent deux fronts avec fossés taillés dans le roc. Après la seconde conquête (1674), Vauban reprit le travail et l'acheva. Il construisit un troisième front, et des murailles épaisses de 5 à 6 mèt. sur 15 à 20 de hauteur, avec chemin de ronde au-dessus, couronnèrent la crête des escarpements latéraux de la montagne. On voit en outre à la citadelle : de vastes casernes, partagées par un mur épais de 2 mèt. 60 c.; cinq citernes et un puits voûtés et à l'épreuve de la bombe, etc. — L'*enceinte* actuelle de la ville a été élevée aussi par Vauban, de 1688 à 1711. Elle est percée de 7 portes : les portes Rivotte, Bregille, Saint-Pierre, Battant, Charmont, Arènes et Notre-Dame. — L'*école d'Artillerie* occupe l'ancien couvent des Dominicains. — L'*arsenal* (1810-1846) comprend des ateliers de construction, des parcs pour les projectiles et les bouches à feu, de vastes magasins de dépôt, etc. — Les nombreuses *casernes* de Besançon, très-vastes, renferment un fort beau *manége*. Elles ont reçu récemment, dans la banlieue, à proximité du polygone d'artillerie, des développements considérables.

Le *lycée*, ancien collége des Jésuites, est un des plus beaux de France. — L'*école préparatoire de médecine et de pharmacie*, installée dans un bâtiment dépendant des hospices, renferme une bibliothèque technique. — Le *collége catholique* de Saint-François-Xavier occupe l'emplacement de l'ancien couvent des Cordeliers, à côté du lycée.

La *bibliothèque publique* renferme plus de 125,000 imprimés, environ 1,800 manuscrits et un médaillier riche de plus de 10,000 pièces. Les deux salles monumentales, reliées par plusieurs salles accessoires, sont ornées de statues et bustes de plusieurs hommes distingués de la Franche-Comté ; le morceau capital est une statue, en marbre blanc, du philosophe Théodore Jouffroy, par Pradier. Parmi les livres d'art, qui sont très-nombreux, il faut distinguer les *Études* (9 vol. in-fol. manuscrits) de l'architecte de Louis XVI, P.-A. Paris, qui, en 1819, légua cette œuvre à sa ville natale avec sa bibliothèque, son cabinet d'antiquités et ses tableaux. — Les *archives départementales* (à la Préfecture) renferment les papiers des institutions religieuses,

Quai d'Arènes, à Besançon.

politiques et judiciaires qui régissaient l'ancienne Franche-Comté. — Les *archives municipales* (au rez-de-chaussée de l'hôtel de ville), fort précieuses, comprennent la série des registres municipaux depuis l'année 1290 jusqu'à nos jours (sauf des lacunes aux xiv° et xv° s.). — Le *musée de peinture* (400 tableaux, 160 dessins, 70 morceaux de sculptures), ouvert depuis 1843, dans les bâtiments de la halle, se compose de cinq salles, décorées avec goût. On y remarque : une Descente de croix, de Bronzino; les portraits du cardinal Granvelle, par Gaëtano, du chancelier son père, par le Titien, de l'ambassadeur Renard et de sa femme, par Moro, de Galilée, par Velasquez; une collection de dessins des plus célèbres artistes du xviii° s. ou des peintres contemporains; des compositions en terre cuite du sculpteur Luc Breton. — Le *musée archéologique* comprend : une foule d'objets gallo-romains; le produit des fouilles pratiquées sur l'emplacement d'Epomanduodurum (*V.* Mandeure); les nombreuses armures celtiques trouvées sur les plateaux d'Amancey et d'Alaise, auxquelles on a joint une série d'objets en silex achetée en Danemark; divers objets gaulois ou ayant appartenu aux Barbares envahisseurs du iv° s.; la collection archéologique (vases grecs, bustes d'empereurs romains, etc.) léguée en 1819 par l'architecte Paris, etc.; un beau taureau en bronze trouvé à Avrigney (Haute-Saône); une pendule en vermeil ciselé provenant du mobilier de Granvelle. — *Musée d'histoire naturelle*, fort riche. — *Musée d'horlogerie* en voie de formation.

Promenade Granvelle (ancien jardin du palais de ce nom), ornée de chutes d'eau artificielles dans des rochers. — *Chamars*, créée de 1740 à 1759, est un vaste espace régulièrement planté n'offrant aucun agrément aux promeneurs. On y voit la *statue*, en bronze (1864), *du général Pajol*, exécutée et donnée par son fils. — La *promenade Micaud*, la plus belle de Besançon, située en dehors de la ville, le long du Doubs, doit son nom au maire qui en a proposé le tracé (1843). — La place du *Clos-Saint-Amour*, entourée de maisons monumentales, est ornée d'un *square* (fontaine en fonte).
— *Fontaines :* de la Grand'Rue, sur laquelle est une statue en pierre, œuvre de Claude Lulier, représentant Neptune (1565); de la Préfecture, par Luc Breton (1785); de la rue Ronchaux, des Grands-Carmes et de la direction d'artillerie. — Chapelle *Notre-Dame des Buis*, située à 414 mèt. d'altitude, derrière la citadelle, sur une montagne d'où l'on découvre un beau panorama.

Berthoncourt, 921 h., c. d'Audincourt. ⟶ Caverne curieuse.

Beure, 1,268 h., c. (Sud) de Besançon. ⟶ Cascade du Bout-du-Monde (10 mèt.).

Beutal, 241 h., c. de Montbéliard.

Bians, *V.* **Byans.**

Bief, 111 h., c. de Saint-Hippolyte.

Bizot (Le), 243 h., c. du Russey.

Blamont, 694 h., sur un plateau qui domine la source du Gland, située au fond de la combe Menu, ch.-l. de c., arr. de Montbéliard. ⟶ Ruines d'un ancien château des comtes de Montbéliard, et autre château du xvi° s. (mon. hist.) converti en couvent.

Blanchefontaine, 27 h., c. de Maîche.

Blarians, 25 h., c. de Marchaux.

Blussangeaux, 198 h., c. de l'Isle-sur-le-Doubs.

Blussans, 219 h., c. de l'Isle-sur-le-Doubs. ⟶ Château ruiné. — Tunnel du chemin de fer (250 mèt. de longueur).

Bois-la-Ville, 57 h., c. de Baume-les-Dames.

Boismurie, 41 h., c. d'Audeux.

Bolandoz, 510 h., c. d'Amancey. ⟶ Tumulus. — Gouffre où se perd le torrent de Rochanon.

Bondeval, 357 h., c. de Blamont.

Bonnal, 102 h., c. de Rougemont.

Bonnay, 426 h., c. de Marchaux.

Bonnétage, 690 h., c. du Russey. ⟶ Entonnoir où se perd le ruisseau des Guiénots.

Bonnevaux, 343 h., c. de Mouthe.

Bonnevaux, 163 h., c. d'Ornans. ⟶ Ruines d'un prieuré du xii° s. — Vallon pittoresque et grottes de Plaisir-Fontaine, d'où sort un ruisseau qui orme deux petits étangs avant de se jeter dans le Puits de la Brême.

Bosse (La), 133 h., c. du Russey. ⟶ Donjon, seul reste d'un château des XIIIe et XVe s.

Bouclans, 548 h., c. de Roulans. ⟶ Débris d'un château fort.

Boujailles, 860 h., c. de Levier. ⟶ Jolie église ogivale moderne. — Gouffre de la Baume, où s'abîme le ruisseau des Sept-Fontaines. — Entonnoirs où tombent les ruisseaux du Bief-Poisson et de la Suse.

Boujeon, 180 h., c. de Mouthe.

Boulois (Le), 130 h., c. de Maîche.

Bourguignon, 669 h., c. de Pont-de-Roide.

Bournois, 479 h., c. de l'Isle-sur-e-Doubs. ⟶ Grottes.

Boussières, 228 h., sur une colline dominant le Doubs, ch.-l. de c., arr. de Besançon.

Bouverans, 511 h., c. de Pontarlier.

Braillans, 53 h., c. de Marchaux.

Branne, 305 h., c. de Clerval.

Breconchaux, 96 h., c. de Roulans.

Bremondans, 160 h., c. de Vercel. ⟶ Vestiges du château et du prieuré de Leugney.

Brères, 48 h., c. de Quingey.

Bréseux (Les), 379 h., c. de Maîche. ⟶ Entonnoir où se perd la Douve.

Bretenière (La), 135 h., c. de Marchaux.

Bretigney, 198 h., c. de Baume-les-Dames.

Bretigney, 75 h., c. de Montbéliard.

Bretonvillers, 498 h., c. du Russey. ⟶ Entonnoir où se perdent les ruisseaux de Pertuy et de Miremont.

Brey-et-Maison-du-Bois (Le), 155 h., c. de Mouthe. ⟶ Belle grotte où naît un ruisseau.

Brognard, 198 h., c. d'Audincourt.

Buffard, 464 h., c. de Quingey. ⟶ Source de Saint-Hilaire.

Bugny, 151 h., c. de Montbenoît.

Bulle, 596 h., c. de Levier.

Burgille, 312 h., c. d'Audeux.

Burnevillers, 120 h., c. de Saint-Hippolyte.

Busy, 509 h., c. de Boussières.

By, 224 h., c. de Quingey.

Byans, 578 h., c. de Boussières.

Byans-les-Usiers, 514 h., c. de Levier.

Cademène, 87 h., c. de Quingey.

Cendrey, 352 h., c. de Marchaux.

Cernay, 153 h., c. de Maîche.

Cessey, 211 h., c. de Quingey.

Chaffois, 560 h., c. de Pontarlier.

Chalèze, 236 h., c. (Nord) de Besançon.

Chalezeule, 225 h., c. (Nord) de Besançon.

Chamesey, 259 h., c. du Russey. ⟶ Entonnoir où se perdent les ruisseaux de Courbot et de Derrière-les-Crocs.

Chamesol, 852 h., c. de Saint-Hippolyte. ⟶ Ruines du château de la Roche, sur un rocher au pied duquel s'ouvre une caverne, autrefois fortifiée. — Grosse source de la Roche. — Entonnoir où disparaît le ruisseau des Noyers.

Champagney, 121 h., c. d'Audeux.

Champlive, 202 h., c. de Roulans. ⟶ Ruines du château de Vaite. — Entonnoir où se perd le Gour.

Champoux, 54 h., c. de Marchaux.

Champvans, 90 h., c. d'Audeux.

Champvans, 69 h., c. de Baume-les-Dames.

Chantrans, 492 h., c. d'Ornans.

Chapelle-d'Huin (La), 668 h., c. de Levier.

Chapelle-des-Bois (La), 590 h., c. de Mouthe. ⟶ Entonnoirs où disparaissent le ruisseau de la Combe-des-Cives, la Fontaine-Ronde et le ruisseau du Moulin-du-Creux.

Charbonnières, 151 h., c. d'Ornans.

Charmauvillers, 451 h., c. de Maîche. ⟶ Cascade haute de 10 mèt. — Dans le Doubs, grande borne qui délimitait l'Helvétie, la Rauracie et la Séquanie, et plus tard les royaumes de Bourgogne et d'Austrasie.

Charmoille, 445 h., c. de Maîche.

Charnay, 110 h., c. de Quingey. ⟶ Tumuli.

Charquemont, 1,314 h., c. de Maîche.

Chasnans, 359 h., c. de Vercel.

Chassagne, 198 h., c. d'Ornans. ⟶ 2 grottes. — Tumuli.

Chateauvieux, 88 h., c. d'Ornans. ⟶ Ruines d'un château, élégamment restauré au début du XVIIe s.

Chatel-Blanc, 422 h., c. de Mouthe. ⟶ Ruines d'un château féodal.

Chatelet (Le), 24 h., c. de Vercel. ⟶ Ruines d'un petit château. — Gouffre où s'abîme le torrent des Biefs.

Châtillon, 73 h., c. de Saint-Hippolyte. ⟶ Ruines d'un château féodal.

Châtillon-Guyotte, 144 h., c. de Roulans. ⟶ Ruines d'un château fort. — Entonnoir où se perdent les eaux de Marchaux et du moulin de Quincey.

Châtillon-le-Duc, 335 h., c. de Marchaux. ⟶ Ruines d'un château des comtes de Bourgogne, récemment remplacées par un fort avancé de la défense de Besançon. — Sur un rocher pittoresque, monument couronné d'une statue de la Vierge, élevé en commémoration des combats livrés les 22 et 23 octobre 1870 aux portes de Besançon.

Châtillon-sur-Lison, 105 h., c. de Quingey. ⟶ Château féodal restauré, sur un rocher dominant le confluent de la Loue et du Lison.

Chaucenne, 212 h., c. d'Audeux.

Chaudefontaine, 188 h., c. de Marchaux. ⟶ Entonnoir où se perd un ruisseau.

Chaux, 67 h., c. de Saint-Hippolyte.

Chaux (La), 533 h., c. de Montbenoît.

Chaux-lès-Clerval, 183 h., c. de Clerval.

Chaux-lès-Passavant, 312 h., c. de Vercel. ⟶ Abbaye de la Grâce-Dieu, fondée en 1139. — Glacière naturelle, grotte profonde, s'ouvrant sous un rocher haut de 66 mèt. — Cascade haute de 28 mèt., formée par l'Audeux.

Chaux-Neuve (La), 520 h., c. de Mouthe.

Chay, 254 h., c. de Quingey. ⟶ Ruines d'un château féodal.

Chazelot, 108 h., c. de Rougemont.

Chazot ou **Chasot**, 298 h., c. de Clerval. ⟶ Puits Fénoz.

Chazoy, 76 h., c. d'Audeux.

Chemaudin, 450 h., c. d'Audeux.

Chenalotte (La), 189 h., c. du Russey.

Chenecey-Buillon, 876 h., c. de Quingey. ⟶ Grottes curieuses. — Ruines d'un château féodal et de l'abbaye de Buillon. — Source de Buillon.

Chevigney, 159 h., c. d'Audeux.

Chevigney, 121 h., c. de Vercel. ⟶ Entonnoir où se perd le ruisseau des Querelles.

Chevillotte (La), 81 h., c. (Sud) de Besançon.

Chevroz, 121 h., c. de Marchaux.

Chouzelot, 294 h., c. de Quingey.

Cléron, 425 h., c. d'Amancey. ⟶ Château du moyen âge, restauré avec goût. — Rochers et cascade de Valbois.

Clerval, 1192 h., sur le Doubs et le canal du Rhône au Rhin, ch.-l. de c., arrond. de Baume-les-Dames. ⟶ Ruines d'un manoir des princes de Montbéliard. — Ancien château. — Gorge rocheuse et boisée. — Source du Monnot.

Cluse-et-Mijoux (La), 975 h., c. de Pontarlier. ⟶ Le *château* de Joux, place de guerre de 2e classe, reconstruit en partie et agrandi depuis 1815, s'élève sur le sommet d'un rocher isolé, haut de 200 mèt. Le puits a 145 mèt. de profondeur. Du donjon et d'une petite esplanade qui se trouve entre le donjon et le magasin à poudre, on jouit d'une belle vue. On remarque surtout, à l'entrée de la vallée, l'église isolée de Saint-Pierre de Cluse; sur la dr., en avant de la quatrième chaîne du Jura, la chapelle de Montpetot (pèlerinage), abritée par un tilleul gigantesque dont le tronc a plus de 5 mèt. de circonférence. En face de la cluse de Joux, au N., *fort de Larmont;* un blockhaus et un mur crénelé défendent en outre le fond de la gorge du Chauffaud. Un sentier en zigzag, où conduisent des centaines de degrés, longeant le mur crénelé, monte à ce fortin, plus haut de 30 mèt. que le fort de Joux, et d'où l'on aperçoit les lacs de Saint-Point et de Remoray. En 1871, le fort de Joux, commandé par le chef de bataillon Ploton, a grandement concouru, avec le fort de Larmont, à protéger la retraite en Suisse de notre malheureuse armée de l'Est.

Colombe (Sainte-), 321 h., c. de Pontarlier.

Colombier-Châtelot, 313 h., c. de

Fort de Joux.

l'Isle-sur-le-Doubs. ⟶ Ruines d'un château féodal.

Colombier-Fontaine, 509 h., c. de Pont-de-Roide. ⟶ Source du Colombier.

Combes (Les), 573 h., c. de Morteau. ⟶ Grotte du Trésor et de Remonot, qui sert de chapelle.

Corcelle-Ferrière, 106 h., c. d'Audeux.

Corcelle-Mieslot, 126 h., c. de Marchaux.

Corcondray, 185 h., c. d'Audeux. ⟶ Ruines d'un château féodal.

Cordiron, 101 h., c. d'Audeux. ⟶ Ruines d'un château féodal.

Côte-Brune, 158 h., c. de Baume-les-Dames. ⟶ Château ruiné du XIe s.

Cottier, 76 h., c. d'Audeux.

Coulans, 68 h., c. d'Amancey.

Cour, 166 h., c. de Baume-les-Dames. ⟶ Grottes de Buin.

Cour-Saint-Maurice, 215 h., c. de Maîche.

Courcelle, 75 h., c. de Saint-Hippolyte.

Courcelles, 85 h., c. de Quingey.

Courcelles-lès-Montbéliard, 420 h., c. d'Audincourt.

Courchapon, 222 h., c. d'Audeux. ⟶ Belle fontaine de la Roche.

Courtefontaine, 394 h., c. de Saint-Hippolyte. ⟶ Église (mon. hist.).

Courtetain-et-Salans, 183 h., c. de Vercel.

Courvière, 496 h., c. de Levier. ⟶ Église ogivale moderne.

Crosey-le-Grand, 533 h., c. de Clerval.

Crosey-le-Petit, 250 h., c. de Clerval.

Crouzet (Le), 172 h., c. d'Amancey. ⟶ Ruines de l'abbaye de Migette. — Dans le vallon de Migette, torrent tombant de 125 mèt. de hauteur dans le précipice du Creux-Billard, d'où il gagne, par un canal souterrain, la source du Lison.

Crouzet (Le), 81 h., c. de Mouthe.

Cubrial, 248 h., c. de Rougemont.

Cubry, 330 h., c. de Rougemont. ⟶ Château-Bournel, magnifique construction moderne dans le style du XVe s.

Cuisance, 134 h., c. de Baume-les-Dames. ⟶ Ruines d'un château féodal. — Gouffre du Puits-Fénoz.

Cuse-et-Adrisans, 508 h., c. de Rougemont.

Cussey-sur-Lison, 146 h., c. de Quingey. ⟶ Église romano-ogivale.

Cussey-sur-l'Ognon, 283 h., c. de Marchaux.

Dambelin, 385 h., c. de Pont-de-Roide.

Dambenois, 168 h., c. d'Audincourt.

Dammartin, 402 h., c. de Roulans.

Dampierre-les-Bois, 1,223 h., c. d'Audincourt. ⟶ Fortifications antiques dites la Dent-de-Châtelot.

Dampierre-sur-le-Doubs, 566 h., c. de Pont-de-Roide. ⟶ Pont romain.

Dampjoux, 158 h., c. de Saint-Hippolyte.

Damprichard, 1,167 h., c. de Maîche. ⟶ Entonnoir où se perd le Gigot.

Dannemarie, 221 h., c. d'Audeux.

Dannemarie, 188 h., c. de Blamont.

Dasle, 981 h., c. d'Audincourt. ⟶ Ruines du château féodal de la Motte.

Deluz, 787 h., c. de Roulans. ⟶ Sur un sommet conique, ruines d'un château et chapelle de Notre-Dame d'Aigremont.

Désandans, 596 h., c. de Montbéliard.

Déservillers, 601 h., c. d'Amancey. ⟶ Entonnoirs où disparaissent trois ruisseaux.

Devecey, 242 h., c. de Marchaux.

Dommartin, 282 h., c. de Pontarlier.

Dompierre, 365 h., c. de Levier.

Domprel, 305 h., c. de Pierrefontaine.

Doubs, 386 h., c. de Pontarlier. ⟶ Église ogivale moderne; relique de saint Pie, pèlerinage.

Doulaise, 97 h., c. d'Amancey.

Droitfontaine, 75 h., c. de Maîche

Dung, 423 h., c. de Montbéliard.

Durnes, 246 h., c. d'Ornans.

Échay, 153 h., c. de Quingey.

Échenans, 72 h., c. de Montbéliard.

Échevanne, 127 h., c. d'Ornans.

École, 264 h., c. d'Audeux. ⟶ Établissement de missionnaires diocésains. — Colonie d'enfants trouvés. — Nombreux tunnels du chemin de fer de Besançon à Vesoul.

Écorces (Les), 378 h., c. de Maîche.
Écot, 382 h., c. de Pont-de-Roide.
Écouvotte (L'), 68 h., c. de Roulans.
Écurcey, 213 h., c. de Blamont.
Émagny, 274 h., c. d'Audeux.
Épenouse, 173 h., c. de Vercel. ⟶ Jolie chapelle du xvi° s., dans un bois. — Entonnoir où se perd un ruisseau.
Épenoy, 430 h., c. de Vercel.
Épeugney, 501 h., c. de Quingey.
Esnans, 127 h., c. de Baume-les-Dames.
Essarts-Cuenot (Les), 77 h., c. de Maîche.
Étalans, 718 h., c. de Vercel. ⟶ Château ruiné. — Gouffre où se perd un ruisseau.
Éternoz, 459 h., c. d'Amancey. ⟶ Cascade de 40 mèt. — Tumulus et ruines celtiques. — Débris d'un château fort.
Étouvans, 451 h., c. d'Audincourt. ⟶ Source du ruisseau de Rorbe.
Étrabonne, 200 h., c. d'Audeux. ⟶ Débris d'un château.
Étrappe, 129 h., c. de l'Isle-sur-le-Doubs.
Étray, 157 h., c. de Vercel.
Étupes, 1,002 h., c. d'Audincourt. ⟶ Ruines d'un château de plaisance des comtes de Montbéliard.
Évillers, 451 h., c. de Levier.
Exincourt, 592 h., c. d'Audincourt.
Eysson, 185 h., c. de Vercel. ⟶ Entonnoir où disparaît le ruisseau du Vernouillet.
Faimbe, 87 h., c. de l'Isle-sur-le-Doubs.
Fallerans, 272 h., c. de Vercel. ⟶ Gouffre où se perd un ruisseau.
Ferrière, 178 h., c. d'Audeux.
Ferrières, 142 h., c. de Maîche.
Fertans, 311 h., c. d'Amancey. ⟶ Cascade. — Tumuli. — Église du xii° s.
Fesche, 1,058 h., c. d'Audincourt.
Fessevillers, 417 h., c. de Maîche.
Feule, 152 h., c. de Pont-de-Roide.
Fins (Les), 814 h., c. de Morteau.
Flagey, 132 h., c. d'Amancey. ⟶ Tumuli.
Flagey-Rigney, 98 h., c. de Marchaux.

Flangebouche, 724 h., c. de Pierrefontaine. ⟶ Belle croix en pierre sculptée (xvi° s.). — Entonnoir où se perd un ruisseau.
Fleurey, 266 h., c. de St-Hippolyte.
Fontain, 581 h., c. (Sud) de Besançon. ⟶ Camp romain.
Fontaine, 582 h., c. de Clerval.
Fontenelle-lès-Montby, 232 h., c. de Rougemont.
Fontenelles (Les), 509 h., c. du Russey. ⟶ Maison mère des religieuses de la Retraite chrétienne.
Fontenotte, 73 h., c. de Baume-les-Dames.
Foucherans, 326 h., c. d'Ornans. ⟶ Ruines d'un château féodal. — Grotte et pèlerinage de Saint-Maximin.
Fourbanne, 95 h., c. de Baume-les-Dames. ⟶ Grotte curieuse. — Belle source.
Fourcatier-et-Maison-Neuve, 122 h., c. de Mouthe.
Fourg, 423 h., c. de Quingey. ⟶ Ruines d'un château. — Entonnoir où se perd le ruisseau de la Fontaine.
Fourgs (Les), 1,222 h., c. de Pontarlier.
Frambouhans, 564 h., c. de Maîche. ⟶ Entonnoir où s'abîment les ruisseaux des Seignes et des Seignottes.
Franey, 114 h., c. d'Audeux.
Franois, 504 h., c. d'Audeux. ⟶ Entonnoir où disparaît un ruisseau.
Frasne, 1,014 h., c. de Levier.
Friolais (Le), 83 h., c. de Maîche.
Froidevaux, 111 h., c. de Saint-Hippolyte.
Fuans, 519 h., c. de Pierrefontaine.
Gellin, 246 h., c. de Mouthe.
Gémonval, 186 h., c. de l'Isle-sur-le-Doubs.
Geneuille, 456 h., c. de Marchaux.
Geney, 259 h., c. de l'Isle-sur-le-Doubs.
Gennes, 244 h., c. (Sud) de Besançon. ⟶ Grotte.
Georges (Saint-), 178 h., c. de Clerval.
Germéfontaine, 286 h., c. de Pierrefontaine. ⟶ Entonnoir où s'abîme un ruisseau.
Germondans, 94 h., c. de Marchaux.
Gevresin, 182 h., c. d'Amancey. ⟶ Grottes.

Gilley, 792 h., c. de Montbenoît.
Glainans, 186 h., c. de Clerval. ⟶ Entonnoir où se perd le Pas-de-Bœuf.
Glamondans, 550 h., c. de Roulans. ⟶ Entonnoir où se perd un ruisseau.
Glay, 415 h., c. de Blamont.
Glère, 182 h., c. de Saint-Hippolyte. ⟶ Belles gorges du Doubs. — Sources abondantes.
Gondenans-lès-Montby, 406 h., c. de Rougemont. ⟶ Ruines du château de Montby. — Entonnoir où se perdent les ruisseaux de Caillet et du Bief.
Gondenans-les-Moulins, 228 h., c. de Rougemont. ⟶ Grottes à stalactites. — Source abondante du Gondenans.
Gonsans, 569 h., c. de Roulans. ⟶ Grottes profondes de 2 kil. — Château féodal. — Dans l'église, moderne, bas-relief gothique représentant la Passion et les Apôtres.
Gorgon (Saint-), 251 h., c. de Montbenoît.
Gouhelans, 556 h., c. de Rougemont.
Goumois, 248 h., c. de Maîche. ⟶ Ruines du château fort de Franquemont. — Source très-abondante.
Goux, 720 h., c. de Levier. ⟶ Château ruiné.
Goux, 535 h., c. de Pont-de-Roide.
Goux, 82 h., c. de Quingey.
Grand-Charmont, 482 h., c. d'Audincourt.
Grand'Combe (La), 1,025 h., c. de Morteau.
Grand'Combe-des-Bois (La), 241 h., c. du Russey.
Grand'Fontaine, 331 h., c. de Boussières. ⟶ C'est l'ancienne bourgade romaine de *Grandifons*, où fut martyrisé, au III° s., saint Germain, évêque de Besançon.
Grand'Fontaine-et-Fournets, 428 h., c. de Pierrefontaine. ⟶ Entonnoir où s'abîme un ruisseau.
Grand'Fontaine-sur-Creuse, 159 h., c. de Pierrefontaine.
Grange (La), 208 h., c. de Maîche.
Granges-Maillot (Les), 64 h., c. d'Ornans. ⟶ Ruines d'un château.
Granges-Narboz (Les), 315 h., c. de Pontarlier.
Granges-Sainte-Marie, 159 h., c. de Pontarlier. ⟶ Ruines de l'abbaye du Mont-Sainte-Marie.
Grangettes (Les), 167 h., c. de Pontarlier.
Gras (Les), 1,070 h., c. de Morteau. ⟶ Belle église du XVI° s. — Cascades dans les bois du Roset.
Gratteris (Le), 72 h., c. (Sud) de Besançon.
Grosbois, 139 h., c. de Baume-les-Dames. ⟶ Grotte.
Guillon, 157 h., station de bains (*V. Industrie*, p. 40), c. de Baume-les-Dames. ⟶ Environs pittoresques — Grosse source de la Réverotte.
Guyans-Durnes, 254 h., c. d'Ornans.
Guyans-Vennes, 745 h., c. de Pierrefontaine. ⟶ Ce village est acculé à des abîmes inaccessibles. — Restes de deux camps retranchés, dans les plaines de Grand-Chaux. — Grottes du Lançot et de Maurepos, où se réfugièrent les femmes et les enfants pendant une invasion des Suédois, en 1637. — Ruines du château féodal de Châtel-Neuf. — Fontaine Saint-Martin, pèlerinage.
Hautepierre, 198 h., c. de Vercel. ⟶ Roche nue très-pittoresque.
Hauterive, 242 h., c. de Montbenoît.
Hérimoncourt, 2,548 h., c. de Blamont.
Hilaire (Saint-), 159 h., c. de Roulans. ⟶ Dans l'église (XVIII° s.), 2 jolis retables du style Louis XV, beau pupitre en fer ouvré et jolie console dorée de la même époque, fonts baptismaux du XIV° s.
Hippolyte (Saint-), 1,190 h., au confluent du Doubs et du Dessoubre, à la jonction de 3 gorges pittoresques formées par de hautes montagnes couvertes de bois et de rochers, ch.-l. de c., arrond. de Montbéliard. ⟶ Église du XIV° s. — Pont en pierre sur le Doubs (1757). — Près des sources salées, au sommet d'une montagne, rocher haut de 80 mèt., taillé à pic sur une longueur de 500 mèt. Au pied de ce rocher, grotte curieuse et château ruiné.
Hôpital-du-Grosbois (L'), 257 h., c. d'Ornans.
Hôpital-Saint-Lieffroy (L'), 91 h., c. de Clerval.

Hôpitaux-Neufs (Les), 232 h., c. de Pontarlier. ⟶ Église moderne; tombeau d'un évêque de Lausanne.
Hôpitaux-Vieux (Les), 315 h., c. de Pontarlier. ⟶ Ruines romaines.
Houtaud, 210 h., c. de Pontarlier.
Huanne, 295 h., c. de Rougemont. ⟶ Église romane. — Ruines du château féodal de Montmartin.
Hyémondans, 216 h., c. de l'Isle-sur-le-Doubs. ⟶ Entonnoir où se perd le ruisseau de Moulin-Neuf.
Hyèvre-Magny, 114 h., c. de Baume-les-Dames.
Hyèvre-Paroisse, 234 h., c. de Baume-les-Dames. ⟶ Belle église du XVIII° s. — Roche curieuse appelée *Fauteuil de Gargantua*. — Nombreuses cavernes. — Grosse source.
Indevillers, 743 h., c. de Saint-Hippolyte. ⟶ Église romane. — Source de Fuesse.
Isle-sur-le-Doubs (L'), 2,584 h., sur le Doubs et le canal du Rhône au Rhin, ch.-l. de c., arrond. de Baume-les-Dames. ⟶ Ce bourg est divisé en 3 parties : *l'Isle*, au milieu du Doubs ; *la Rue*, sur la rive dr. ; *le Magny*, sur la rive g. — Pont du chemin de fer sur le Doubs (5 arches de 16 mèt.). — Source du Moulinot.
Issans, 135 h., c. de Montbéliard.
Jallerange, 325 h., c. d'Audeux. ⟶ Voie romaine. — Ruines d'une villa romaine considérable et d'un pont romain.
Jougne, 1817 h., c. de Mouthe. ⟶ Ce bourg a été presque entièrement détruit par un incendie au mois de juillet 1870. — Ruines d'un château et de fortifications du moyen âge. — Église ogivale récente. — Tunnel (1,550 mèt.) du chemin de fer de Pontarlier à Lausanne.
Joux (Fort de), *V*. la Cluse-et-Mijoux.
Juan (Saint-), 578 h., c. de Baume-les-Dames.
Julien (Saint-), 274 h., c. du Russey. ⟶ Ruines d'un château. — Château du XVI° s. (bel escalier). — Entonnoir où se perdent des ruisseaux.
Julien (Saint-), 160 h., c. de Montbéliard.
Labergement, *V*. Abergement (l').

Lac (Le) ou **Villers**, 2,418 h., c. de Morteau. ⟶ Beau pont en fil de fer. — Lac de Chaillexon et Saut du Doubs (*V*. p. 5 et 8). — Nombreuses et belles sources se jetant dans le Doubs.
Laire, 170 h., c. de Montbéliard.
Laissey, 301 h., c. de Roulans.
Lanans, 271 h., c. de Baume-les-Dames.
Landresse, 401 h., c. de Pierrefontaine. ⟶ Entonnoir où se perd la fontaine de Biche.
Lantenne-et-Vertière, 590 h., c. d'Audeux. ⟶ Castramétations en pierres brutes à Beauregard. — Tumulus dans le bois de la Récompense.
Lanthenans, 122 h., c. de l'Isle-sur-le-Doubs. ⟶ Ruines d'un prieuré du XI° s.
Larnod, 131 h., c. de Boussières.
Laval, 159 h., c. du Russey. ⟶ Église du XI° s.
Lavans, 337 h., c. d'Ornans.
Lavans, 184 h., c. de Quingey.
Lavernay, 341 h., c. d'Audeux.
Laviron, 663 h., c. de Pierrefontaine. ⟶ Aqueduc ancien.
Levier, 1,339 h., ch.-l. de c., arr. de Pontarlier. ⟶ Admirable forêt de sapins. — Vaste mairie et église modernes. — Entonnoir où se perd un ruisseau.
Liebvillers, 522 h., c. de Saint-Hippolyte.
Liesle, 866 h., c. de Quingey. ⟶ Belle croix en pierre sculptée.
Lièvremont, 352 h., c. de Montbenoît.
Lizine, 191 h., c. d'Amancey. ⟶ Tumuli. — Ruines d'un château féodal. — Clocher roman. — Croix sculptée du XV° s. — Oratoire orné de statues en marbre blanc, du XVI° s.
Lods, 1,140 h., c. d'Ornans. ⟶ Grottes de la Grande-Baume. — Gouffre de Gourron. — Rochers de Jobourg. — Cascades.
Lombard, 269 h., c. de Quingey.
Lomont, 225 h., c. de Baume-les-Dames.
Longechaux, 112 h., c. de Vercel.
Longemaison, 223 h., c. de Vercel.
Longevelle, 585 h., c. de l'Isle-sur-le-Doubs. ⟶ Sources de Sauce et du Bief.
Longevelle, 193 h., c. du Russey.

Longeville, 309 h., c. d'Ornans.
Longeville (La), 707 h., c. de Montbenoît.
Longevilles (Les), 543 h., c. de Mouthe.
Loray, 522 h., c. de Pierrefontaine. ⟶ Croix sculptée du xv° s.
Lougres, 291 h., c. de Montbéliard. ⟶ Grottes curieuses. — Ruines d'un ancien établissement de bains près de la Fontaine-Sainte, dont les eaux guérissent, dit-on, les affections des voies urinaires.
Lubier, 259 h., c. du Russey.
Luisans, 302 h., c. de Pierrefontaine. ⟶ Grottes conservant la glace pendant une grande partie de l'année. — Entonnoir où se perd un ruisseau.
Lusans, 106 h., c. de Roulans.
Luxiol, 259 h., c. de Baume-les-Dames. ⟶ Entonnoir où se perd un ruisseau.
Magny-Chatelard, 60 h., c. de Vercel.
Maîche, 1,478 h., sur le massif entre le Doubs et le Dessoubre, ch.-l. de c., arr. de Montbéliard. ⟶ Ruines d'un château féodal. — Deux hôtels du xvi° s., dont l'un construit par le cardinal de Granvelle. — Entonnoir où se perd un torrent.
Maison-du-Bois, 321 h., c. de Montbenoît.
Maisonnettes (Les), 248 h., c. de Pierrefontaine. ⟶ Source du Dessoubre, au fond du beau vallon de Consolation (ancien ermitage), où les eaux jaillissent avec impétuosité et forment plusieurs belles cascades. — Roches du Prêtre. — Grottes.
Maizières, 152 h., c. d'Ornans.
Malans, 291 h., c. d'Amancey.
Malbrans, 201 h., c. d'Ornans. ⟶ Grottes de la Colombière. — Gouffre de Puits-Vauvougier.
Malbuisson, 264 h., c. de Pontarlier. ⟶ Belles sources des Fontaigneux et de Grande-Source.
Malpas, 181 h., c. de Pontarlier. ⟶ Petit lac.
Mambouhans, 86 h., c. de Pont-de-Roide.
Mamirolle, 510 h., c. (Sud) de Besançon. ⟶ Ruines d'un ancien manoir. — Château moderne.
Mancenans, 135 h., c. de Maîche. ⟶ Pyramide naturelle de rochers, haute de 52 mèt., appelée château du Diable, près de laquelle se voient des tumuli gaulois et des menhirs renversés.
Mancenans, 462 h., c. de l'Isle-sur-le-Doubs. ⟶ Ruines de l'abbaye de Lieu-Croissant ou des Trois-Rois. — Source abondante qui fait marcher une usine et irrigue des prairies. — Forte source de l'Abbaye.
Mandeure, 1,047 h., c. d'Audincourt. ⟶ Ruines (mon. hist.) d'*Epomanduodurum* : vestiges de temples, de deux ponts, d'un théâtre qui pouvait contenir 12,000 spectateurs, d'un arc de triomphe, de chambres funéraires, d'un aqueduc; bains revêtus à l'intérieur de marbre blanc; mosaïques, colonnes, statues, inscriptions, sépultures et médailles en quantité considérable. — Château fort du xv° s.
Marchaux, 442 h., ch.-l. de c., arr. de Besançon. ⟶ Église fort ancienne. — Entonnoir où tombe un ruisseau.
Marie (Sainte-), 319 h., c. de Montbéliard.
Marvelise, 213 h., c. de l'Isle-sur-le-Doubs. ⟶ Église ogivale.
Mathay, 689 h., c. de Pont-de-Roide. ⟶ Ruines d'un château.
Maurice (Saint-), 558 h., c. de Pont-de-Roide. ⟶ Ruines d'un château fort.
Mazerolle, 157 h., c. d'Audeux.
Médière, 285 h., c. de l'Isle-sur-le-Doubs. ⟶ Fontaines d'Arbin, des Boussots et du Poue.
Mémont, 94 h., c. du Russey. ⟶ Dans un rocher à pic, grotte curieuse, longue de 150 mèt. et large de 4, qui servit de refuge pendant les guerres du xv° et du xvi° s.
Mercey-le-Grand, 234 h., c. d'Audeux.
Mérey-sous-Montrond, 282 h., c. d'Ornans. ⟶ Grotte.
Mérey-Vieilley, 135 h., c. de Marchaux. ⟶ Ruines d'un château du chapitre métropolitain de Besançon.
Mésandans, 327 h., c. de Rougemont.

Château de Montbéliard.

Meslières, 529 h., c. de Blamont.
Mesmay, 152 h., c. de Quingey.
Métabief, 247 h., c. de Mouthe.
Miserey, 472 h., c. d'Audeux. ⟶ Entonnoir de la Borme, où se perd le ruisseau de la Vallée.
Moncey, 185 h., c. de Marchaux. ⟶ Château qui servit plusieurs fois de résidence au maréchal Moncey. — Beau viaduc du chemin de fer de Besançon à Vesoul, sur le ruisseau de la Corcelle (156 mèt. de longueur, 27 mèt. 30 c. de hauteur, 13 arches de 12 mèt. d'ouverture).
Moncley, 279 h., c. d'Audeux. ⟶ Beau château du xviii° s., œuvre de l'architecte Bertrand, de Besançon.
Mondon, 232 h., c. de Rougemont.
Mont-de-Laval, 579 h., c. du Russey.
Mont-de-Vougney, 170 h., c. de Maîche. ⟶ 3 grottes curieuses (le Trou de Chenalay, la grotte de Sallon, la grotte de Manaby), qui servirent de refuge aux habitants pendant les guerres. — Précipice des Cornes (180 mèt. de profondeur, 7 à 8 mèt. de largeur).
Montagney, 125 h., c. de Rougemont.
Montancy, 246 h., c. de Saint-Hippolyte.
Montandon, 465 h., c. de Saint-Hippolyte. ⟶ Caverne du Fondoreau, qui servit de refuge dans les guerres du xvii° s.
Montbéliard, ch.-l. d'arr., V. de 8,958 h., dont un peu plus des deux tiers sont protestants, au confluent de l'Allan, de la Savoureuse et de la Lisaine ou Luzine, sur le canal du Rhône au Rhin. ⟶ Le *château*, ancienne résidence des comtes, rebâti en 1751, a conservé deux tours plus anciennes: la *tour Bossue* (1425) et la *tour Neuve* (1594). — L'*église Saint-Martin* (1602-1603), remarquable par la hardiesse de son plafond, a été convertie en temple protestant, ainsi que l'*église Saint-Georges*. — L'*église catholique*, dominée par une flèche élancée, est une construction récente en grès vosgien, dans un style pseudo-Renaissance très orné. — *Halles* à portiques, du xvi° s. — *Hôtel de ville* de 1778. — Sur une place (*maison* de la Renaissance à dr. du temple), *statue* en bronze *de Georges Cuvier,* œuvre de David d'Angers; maison où est né le célèbre naturaliste. — Monument élevé aux soldats français morts pendant la bataille d'Héricourt. — École modèle d'instituteurs protestants. — *Bibliothèque* publique (9,000 vol. et 200 manuscrits), *musée d'histoire naturelle et d'archéologie.* — *Cités ouvrières*, construites sur le modèle de celles de Mulhouse.
Montbéliardot, 145 h., c. du Russey.
Montbenoît, 258 h., sur le Doubs, ch.-l. de c., arr. de Pontarlier. ⟶ Église (mon. hist.) du xiii° s.; nef du xiv° s.; chœur du xvi° ; monument à la mémoire des sires de Joux, fondateurs de l'abbaye de Montbenoît; niche d'encadrement d'un trône abbatial, stalles d'une merveilleuse délicatesse de sculpture. Tous ces détails sont l'œuvre d'artistes italiens (1520-1528). Cloître du xv° s. (chapiteaux curieusement sculptés).
Montécheroux, 1,157 h., c. de Saint-Hippolyte. ⟶ Restes du château de Clémont (xiii° s.).
Montenois, 524 h., c. de l'Isle-sur-le-Doubs. ⟶ Entonnoir où se perd le ruisseau de la Cuve.
Montfaucon, 480 h., c° (Sud) de Besançon, est dominé par une montagne (vue magnifique) portant un fort. ⟶ Ruines d'un château dominant le charmant vallon de Chalezeule.
Montferney, 92 h., c. de Rougemont.
Montferrand, 1,121 h., c. de Boussières. ⟶ Ruines d'un vaste château féodal.
Montflovin, 103 h., c. de Montbenoît.
Montfort, 123 h., c. de Quingey. ⟶ Une maison de plaisance a remplacé le château féodal. — Entonnoir où s'abîme le Bief de Caille.
Montgesoye, 589 h., c. d'Ornans. ⟶ Église du xv° s. — Roche percée de la Soue ou du Pont.
Montivernage, 90 h., c. de Baumeles-Dames. ⟶ Caverne ayant servi de refuge.
Montjoie, 123 h., c. de Saint-Hippolyte. ⟶ Ruines d'un château.
Montlebon, 1,356 h., c. de Morteau. ⟶ Vaste caverne appelée la Grande-

Cave. — Sources du moulin Bournet et du Gilot.

Montmahoux, 215 h., c. d'Amancey. ⟶ Gouffre où disparaît le torrent de Pont-de-Baz. — Ruines d'un château.

Montperreux, 404 h., c. de Pontarlier. ⟶ Bloc erratique curieux. — Belle fontaine de la *Source bleue*.

Montrond, 310 h., c. de Quingey. ⟶ Grottes. — Entonnoir naturel, recevant toutes les eaux du vallon et appelé Puits de la Belle-Louise. — Ruines d'un château féodal.

Montursin, 44 h., c. de St-Hippolyte.

Montussaint, 169 h., c. de Rougemont.

Morchamps, 55 h., c. de Rougemont.

Morre, 692 h., c. (Sud) de Besançon. ⟶ Percée souterraine du passage du Trou-au-Loup. — Cascade de l'Enfer.

Morteau, 1,826 h., en amphithéâtre sur la rive g. du Doubs, dont les eaux sont presque immobiles en cet endroit (morte eau), ch.-l. de c., arr. de Pontarlier. ⟶ La ville a été presque entièrement détruite en 1865 par un incendie. — *Église* (mon. hist.), reconstruite en grande partie après les guerres du XVIIe s.; intéressants vestiges du XIIIe s.; bel autel du XVIe. — *Hôtel de ville*, ancien prieuré, de 1590. — Curieuse *maison Pertusier* (1576). — Sources abondantes. — Belle vue du sommet du Tantillon (1165 mèt. d'altitude).

Mouillevillers, 56 h., c. de Saint-Hippolyte.

Mouthe, 1,000 h., près de la source du Doubs (*V*. p. 6), ch.-l. de c., arr. de Pontarlier. ⟶ Hôtel de ville, construction moderne assez élégante, avec tourelles. — Dans une prairie voisine de la source du Doubs, abîme d'une grande profondeur, nommé la Baume de la Grand'Combe.

Moutherot (Le), 72 h., c. d'Audeux. ⟶ Ruines d'un prieuré.

Mouthier-Hautepierre, 858 h., c. d'Ornans. ⟶ Église du XVIe s.; élégant clocher; belle chaire sculptée et jolie boiserie en chêne, reliquaire curieux. — Maison prieurale du XVIe s., ayant appartenu à l'Ordre de Cluny et servant de mairie. — Croix monolithe, haute de 5 mèt., sur la place. — Grottes de Baumachée et de Vieille-Roche. Cascade de Syratu, haute de 180 mèt., formée par la Craye. Près de là, le Puits de l'Ermite vomit un torrent après les grandes pluies. La *roche de Hautepierre* (880 mèt. d'altitude), du haut de laquelle se précipitent les eaux, porte sur ses flancs le village du même nom. On donne aussi à ce rocher le nom de *Roche du Soleil*, parce que sa cime, éclairée du matin au soir par cet astre, projette son ombre sur les hauteurs environnantes, et, semblable à l'aiguille d'un cadran solaire, indique l'heure aux travailleurs de la vallée. — En face de Mouthier, sur la rive g. de la Loue, *rochers du Capucin*, devant lesquels se dresse un menhir naturel, appelé le *Moine de Mouthier*. — Gorges pittoresques de Nouaille, et source de la Loue (*V*. p. 11 et 12). — Tunnel de la route de Pontarlier, nommé *Percée de la Vieille-Roche*. Une inscription commémorative, placée à l'entrée de ce souterrain, rappelle que cette route a été ouverte (1815) en partie aux frais des habitants de la vallée, stimulés par le patriotisme de M. l'avocat Grandjacquet, d'Ornans. Un peu au delà de la Percée, une inscription enchâssée dans le rocher est consacrée au souvenir de l'entrepreneur Tampier, entraîné dans un précipice par un bloc de rocher.

Myon, 301 h., c. de Quingey. ⟶ Belle cascade du Gour de Conche. — Castramétation et tumuli celtiques. — Ruines d'un château.

Naisey, 641 h., c. de Roulans. ⟶ Ancien château modernisé.

Nancray, 517 h., c. de Roulans. ⟶ Entonnoir où se perdent les ruisseaux du Moulin-Neuf et du Moulin-Vieux.

Nans, 218 h., c. de Rougemont. ⟶ Grottes ayant servi de refuge pendant les guerres du XVIe s. — Ruines d'un château féodal, dont un réduit pittoresque a été restauré.

Nans-sous-Sainte-Anne, 392 h., c. d'Amancey. ⟶ Petit château flanqué d'une tour ronde et dont la façade est percée de fenêtres du style de la Renaissance. — Grotte où naît un affluent du Lison, le Verneau. — A 25 min., source du Lison, à la base d'un mur de rochers, dans une belle grotte dont la voûte est supportée par un pilier excavé, nommé la Chaire à prêcher. — La partie du vallon comprise entre Nans-sous-Sainte-Anne et la source du Lison s'appelle le Fond-Lison et offre de charmants paysages. On y voit : la grotte des Vaux, dans le flanc de la montagne de la Montricharde (687 mèt.); une excavation haute de plus de 100 mèt. (la grotte Sarrasine), protégée par une voûte de pierre cintrée (le Manteau de saint Christophe), et au fond de laquelle jaillit, à certaines époques, un petit cours d'eau (le bief Sarrasin). — Au-dessus de la source du Lison, dans une prairie, gouffre du Creux-Biard ou Billard, entonnoir profond de 500 mèt. et large de 100 mèt., dans lequel se précipite le Bief de Lourcière. Au tiers de sa hauteur jaillit une source. — Cascade du ruisseau de Migette et pont du Diable. — Vue magnifique, du plateau de Migette.

Narbief, 105 h., c. du Russey. ⟶ Entonnoir où disparaît un ruisseau.

Neufchâtel-Urtière, 69 h., c. de Pont-de-Roide. ⟶ Château ruiné.

Neuvier, 123 h., c. de St-Hippolyte.

Nods, 610 h., c. de Vercel. ⟶ A la Malepierre, nombreuses antiquités romaines. — Entonnoir où se perd un ruisseau.

Noel-Cerneux, 215 h., c. du Russey.

Noirefontaine, 181 h., c. de Pont-de-Roide.

Noironte, 265 h., c. d'Audeux. ⟶ Château moderne.

Nommay, 334 h., c. d'Audincourt.

Novillars, 58 h., c. de Marchaux. ⟶ Ancien prieuré de Beaupré, devenu un château moderne.

Ollans, 94 h., c. de Marchaux. ⟶ Château.

Onans, 507 h., c. de l'Isle-sur-le-Doubs.

Orchamps-Vennes, 1,011 h., c. de Pierrefontaine ⟶ Bon tableau dans l'église. — Roche Barschey, sur une esplanade où s'ouvre une caverne qui va déboucher en face d'un rocher ayant la forme d'un menhir.

Orgeans, 86 h., c. de Maîche.

Ornans, V. de 3,169 h., sur la Loue, ch.-l. de c., arr. de Besançon. ⟶ Puits de la Brême (*V.* p. 12). — Ruines d'un château (chapelle de la fin du XIII° s.; beau panorama). — Église du XVI° s., contenant de bons tableaux, un reliquaire en argent doré donné par le cardinal de Granvelle, et le tombeau en marbre du grand-père et de la grand'mère de cet homme d'État. Ce cénotaphe supporte aujourd'hui le lutrin. — Ancienne église des Minimes. — Hôtel du XVI° s., dit la Maison Granvelle. — Hôpital (1719), d'une élégante architecture.

Orsans, 284 h., c. de Vercel. ⟶ Vestiges d'un château féodal. — Puits naturel, d'une profondeur inconnue.

Orve, 159 h., c. de Clerval.

Osse, 264 h., c. de Roulans.

Osselle, 325 h., c. de Boussières. ⟶ Grottes (*V.* p. 16). — Tumuli celtiques.

Ougney (Les), 250 h., c. de Roulans. ⟶ Château féodal. — Grosse source du Briseux. — Beaux rochers des bois de la Côte.

Ouhans, 508 h., c. de Montbenoît. ⟶ Source de la Loue (*V.* p. 11).

Ouvans, 149 h., c. de Pierrefontaine.

Oye-et-Palet, 375 h., c. de Pontarlier.

Palantine, 80 h., c. de Quingey.

Palise, 53 h., c. de Marchaux.

Paroy, 184 h., c. de Quingey.

Passavant, 450 h., c. de Baume-les-Dames. ⟶ Ancienne église et pèlerinage de Notre-Dame de Raigneville. — Puits d'Adam. — Ruines d'un château féodal.

Passonfontaine, 673 h., c. de Vercel. ⟶ Entonnoir où se perdent le ruisseau de Passonfontaine et celui du moulin Pourcelot.

Pelousey, 421 h., c. d'Audeux. ⟶ Château moderne.

Peseux, 193 h., c. de Pont-de-Roide. ⟶ Tumuli.

Pessans, 104 h., c. de Quingey.

Petite-Chaux (La), 214 h., c. de Mouthe.

Pierrefontaine, 324 h., c. de Blamont.

Pierrefontaine-les-Varans, 1,018 h., ch.-l. de c., arr. de Baume-les-Dames. ➡ Rochers et cascades pittoresques. — Belle vallée de la Réverotte.

Pirey, 449 h., c. d'Audeux. ➡ Castramétations antiques et tumulus. — Église possédant le retable, en bois sculpté, de Notre-Dame de Consolation (fin du XVIᵉ s.). — Entonnoir où se perd un ruisseau.

Placey, 100 h., c. d'Audeux.

Plaimbois, 246 h., c. de Pierrefontaine.

Plaimbois-du-Miroir, 565 h., c. du Russey.

Plains-et-Grands-Essarts (Les), 340 h., c. de Saint-Hippolyte.

Planée (La), 297 h., c. de Pontarlier. ➡ Église ogivale.

Point (Saint-), 113 h., c. de Pontarlier. ➡ Beau lac (V. p. 6). — Source de Malpierre.

Pointvillers, 179 h., c. de Quingey.

Pompierre, 404 h., c. de Clerval.

Pont-de-Roide, 2,654 h., sur le Doubs (pont de 6 arches), en amont du confluent du Roide et de la Ranceuse, ch.-l. de c., arr. de Montbéliard. ➡ A Châté (monticule récemment fortifié), vestiges d'un château fort et ruines d'une église.

Pont-les-Moulins, 222 h., c. de Baume-les-Dames. ➡ Église ogivale.

Pontarlier, V. de 5,714 h., ch.-l. d'arr., sur le Doubs, à 858 mèt., à l'entrée d'un des principaux défilés du Jura, la gorge de la Cluse, qui, sous le nom d'*Embouchis*, partant du Tournant de la Cluse et de la Fauconnière, vient déboucher dans la Chaux-d'Arlier en séparant la chaîne secondaire du Larmont de celle du Laveron.

➡ Détruite plusieurs fois par le feu, cette ville offre une apparence moderne. Elle a été reconstruite sous Louis XV. La Grande-Rue est terminée au S.-E. par un pont, au N.-O. par une *porte triomphale*, érigée par les habitants en l'honneur de Louis XV, sur le modèle de la porte Saint-Martin à Paris. Ce monument a été surmonté plus tard d'un campanile sur les plans du général d'Arçon, qui se fit aussi bâtir à Pontarlier un hôtel qui subsiste. — Les vestiges des remparts de Pontarlier marquent encore l'enceinte de la ville du moyen âge. — L'*église*, basse, enterrée, reconstruite par parties à différentes époques, et récemment restaurée, n'a aucune valeur architecturale ; à l'intérieur, on remarque un beau tableau (la Vierge et saint Bernard), d'un artiste inconnu. — *Hospice* sur le Doubs. — *Hôtel de ville*, construit en 1832 ; escalier, imité de celui de l'hôtel de ville de Neuchâtel. — *Bibliothèque* (4,000 vol.) et *musée*. — De la montagne du *Gros-Taureau* (1,326 mèt.), beau panorama. A la base de cette montagne, du côté de l'O., vallée sombre, à l'entrée de laquelle on remarque des rochers nus et blancs qui se découpent en forme de statues colossales : ce sont les *Dames d'Entreportes*, qui ont donné lieu à de nombreuses légendes.

Pontets (Les), 169 h., c. de Mouthe.

Pouilley-Français, 304 h., c. d'Audeux. ➡ Entonnoir où s'abîme un torrent.

Pouilley-les-Vignes, 566 h., c. d'Audeux. ➡ Vestiges d'un château du XIIIᵉ s.

Pouligney, 401 h., c. de Roulans. ➡ Entonnoir où s'abîme un ruisseau.

Présentevillers, 276 h., c. de Montbéliard. ➡ Voie romaine.

Prétière (La), 148 h., c. de l'Isle-sur-le-Doubs.

Provenchère, 198 h., c. de Maîche.

Puessans, 192 h., c. de Rougemont.

Pugey, 297 h., c. de Boussières. ➡ Tumulus de Bois-Noiron.

Puy (Le), 99 h., c. de Roulans.

Quingey, 1,042 h., sur la Loue, ch.-l. de c., arr. de Besançon. ➡ Vestiges de fortifications et d'un château féodal. — Deux belles promenades. — Source de Saint-Renobert.

Rahon, 173 h., c. de Clerval.

Rancenay, 117 h., c. de Boussières.

Randevillers, 225 h., c. de Clerval

Rang, 465 h., c. de l'Isle-sur-le-Doubs. ➡ Pont en pierre de 5 arches sur le Doubs, pour le passage du chemin de fer ; tunnel long de 1,125 mèt.

Rantechaux, 204 h., c. de Vercel. ➡ Église du XVIᵉ s.

Raynans, 170 h., c. de Montbéliard.

Recologne, 485 h., c. d'Audeux.

➡ Château flanqué de tourelles, restauré à la moderne. — Église moderne; statue et bas-reliefs curieux.

Reculfoz, 44 h., c. de Mouthe.

Refranche, 157 h., c. d'Amancey. **➡** Castramétations antiques; tumuli celtiques et romains.

Remondans, 86 h., c. de Pont-de-Roide.

Remoray, 380 h., c. de Mouthe.

Rénedale, 54 h., c. de Montbenoît. **➡** Vaste château en ruine.

Rennes, 189 h., c. de Quingey. **➡** Beau château moderne.

Reugney, 316 h., c. d'Amancey. **➡** Belle grotte de la Baume-du-Mont.

Rigney, 423 h., c. de Marchaux. **➡** Château de la Roche, berceau d'une famille qui s'illustra dans la cinquième croisade et régna sur Athènes et sur Thèbes; il a été transformé en ferme-école (belle cheminée du XVIe s.).

Rignosot, 202 h., c. de Marchaux.

Rillans, 117 h., c. de Rougemont.

Rivière (La), 674 h., près d'un étang traversé par le Drugeon, c. de Pontarlier. **➡** Église du XIVe s.; tombeaux, fresques et sculptures curieuses. — Belle source. — Ruines d'un bourg détruit par les Suédois.

Roche, 509 h., c. de Marchaux.

Roche-lès-Blamont, 376 h., c. de Blamont. **➡** Entonnoir où disparaît le ruisseau des Roches.

Roche-lès-Clerval, 215 h., c. de Clerval. **➡** Forte source du bief de l'Ermite, qui fait mouvoir une usine et tombe dans le Doubs après un cours de 200 mèt.

Rochejean, 453 h., c. de Mouthe. **➡** Rocher pittoresque. — Vestiges d'un château du XIVe s. — Église en partie du XVe s. — Vaste souterrain-refuge de la Grotte-aux-Fées. — Fontaine de l'Abbé.

Rognon, 173 h., c. de Rougemont.

Romain, 251 h., c. de Rougemont.

Ronchaux, 119 h., c. de Quingey.

Rondefontaine, 55 h., c. de Mouthe.

Roset-Fluans ou **Rozet**, 372 h., c. de Boussières. **➡** Beau château moderne. — Grottes d'Osselle (V. p. 16). — Source de la Froidière.

Rosières, 180 h., c. de Pont-de-Roide.

Rosureux, 244 h., c. du Russey.

Rougemont, 1,273 h., sur un affluent de l'Ognon, au pied de la colline boisée de Montaucivey (387 mèt.), ch.-l. de c., arr. de Baume-les-Dames. **➡** Ruines d'un château féodal. — Restes de la maison dite de Saint-George, siège d'une confrérie de la noblesse de Franche-Comté au XVe s. — Grottes.

Rougemontot, 246 h., c. de Marchaux. **➡** Grotte du Trou de la Baume. — Source de la Baume, qui fait aussitôt marcher le moulin de Chèvreroche. — Cascades.

Rouhe, 131 h., c. de Quingey.

Roulans, 135 h., ch.-l. de c., arrond. de Baume-les-Dames. **➡** Chapelle et château ruiné d'Aigremont (V. Deluz).

Routelle, 221 h., c. de Boussières. **➡** Ruines et sépultures antiques.

Ruffey, 194 h., c. d'Audeux. **➡** Ce village occupe l'emplacement de l'antique station romaine de *Ruffiacum*, où fut martyrisé saint Antide en 407. — Château féodal. — Magnifique tombe du XVIe s., servant de piédestal à une croix. — Oratoire de Saint-Antide.

Rurey, 427 h., c. de Quingey. **➡** Dolmen.

Russey (Le), 1,313 h., ch.-l. de c., arrond. de Montbéliard. **➡** Dans le bois Claude, caverne profonde de 12 mèt., ayant servi de refuge pendant les guerres du XVIIe s. — Belle et vaste église du XVIe s. — Entonnoir où s'abîme un ruisseau. — Sur une fontaine, statue du jésuite Parennin, traducteur de plusieurs ouvrages chinois. — Sur la route de Pontarlier, statue dorée de la Vierge, de grandeur naturelle.

Samson, 77 h., c. de Quingey.

Sancey-le-Grand, 815 h., c. de Clerval. **➡** Ruines d'un château. — 5 grottes curieuses, dans les coteaux de Voye. — Église du XIIe s. — Maisons à tourelles des XVe et XVIe s. — Entonnoir où s'abîme la Voye.

Sancey-le-Long, 589 h., c. de Clerval. **➡** Grotte à plusieurs salles, disposée pour l'habitation et la défense.

Santoche, 43 h., c. de Clerval.

Saône, 757 h., c. (Sud) de Besançon. **➡** Château moderne. — 2 bons tableaux dans l'église. — Entonnoir où s'abîment le Pontot et le Grand-Terreau.

Saraz, 46 h., c. d'Amancey. ➡ Nombreux tumuli gaulois. — Arbre de la Liberté (chêne), planté sous la première République.

Sarrageois, 198 h., c. de Mouthe.

Saules, 286 h., c. d'Ornans. ➡ Grottes anciennement habitées. — Cascades pittoresques.

Sauvagney, 156 h., c. d'Audeux.

Scey-en-Varais, 283 h., c. d'Ornans. ➡ Ruines d'un château féodal (tour restaurée), dont les substructions sont romaines. — Source de Cléron, jaillissant d'un rocher par plusieurs ouvertures.

Sechin, 45 h., c. de Roulans.

Seloncourt, 2,310 h., c. de Blamont.

Semondans, 139 h., c. de Montbéliard.

Sept-Fontaines, 501 h., c. de Levier. ➡ Église du XVe s. — Plusieurs maisons anciennes.

Serre, 265 h., c. d'Audeux.

Servigney, 128 h., c. de Rougemont.

Servin, 304 h., c. de Baume-les-Dames. ➡ Ilot flottant et lac du Grand-Sas, que domine le Grand-Rocher. — Entonnoirs où se perdent les ruisseaux du moulin Bruot, de la Malchenot et des Trois-Fontaines.

Silley, 170 h., c. d'Amancey. ➡ Tumulus.

Silley, 111 h., c. de Baume-les-Dames. ➡ Ruines d'un château du moyen âge.

Sochaux, 330 h., c. d'Audincourt.

Solemont, 171 h., c. de Pont-de-Roide.

Sombacourt, 559 h., c. de Levier. ➡ Ruines du château d'Usier (XIe s.).

Sommette (La), 181 h., c. de Pierrefontaine.

Soulce-Cernoy, 217 h., c. de Saint-Hippolyte.

Sourans, 117 h., c. de l'Isle-sur-le-Doubs.

Soye, 583 h., c. de l'Isle-sur-le-Doubs. ➡ Ruines pittoresques d'un château féodal.

Suchaux, commune des Fins. ➡ Imposante masse de rochers couronnés de pins séculaires.

Surmont, 251 h., c. de Clerval.

Suzanne (Sainte-), 1,000 h., c. de Montbéliard. ➡ Grotte à stalactites.

Taillecourt, 159 h., c. d'Audincourt.

Tallans, 78 h., c. de Rougemont.

Tallenay, 86 h., c. de Marchaux.

Tarcenay, 505 h., c. d'Ornans. ➡ Gouffres, où se perdent la Fontaine-Neuve, la Colombière et le Boulmont.

Thiébouhans, 235 h., c. de Maîche.

Thise, 436 h., c. de Marchaux. ➡ Ruines d'une villa romaine.

Thoraise, 193 h., c. de Boussières. ➡ Curieux château féodal restauré. — Tunnel long de 185 mèt., pour le canal du Rhône au Rhin.

Thulay, 91 h., c. de Blamont.

Thurey, 150 h., c. de Marchaux.

Torpes, 255 h., c. de Boussières. ➡ Vaste et beau château moderne.

Touillon-et-Loutelet, 180 h., c. de Pontarlier. ➡ Fontaine intermittente, dite Fontaine-Ronde (*V. Curiosités naturelles*, p. 16).

Tour-de-Sçay (La), 352 h., c. de Marchaux.

Tournans, 296 h., c. de Rougemont.

Tournedoz, 103 h., c. de Clerval.

Trepot, 401 h., c. d'Ornans.

Tressandans, 96 h., c. de Rougemont.

Trévillers, 520 h., c. de Maîche. ➡ Entonnoir où se perd le ruisseau de Trévillers.

Trouvans, 115 h., q. de Rougemont.

Urtière, 65 h., c. de Maîche.

Uzelle, 551 h., c. de Rougemont. ➡ Entonnoirs où s'abîment les ruisseaux du moulin du Cru et du Déchargeoir.

Vaire-le-Grand, 402 h., c. de Marchaux. ➡ Beau château moderne. — Excavation importante dite *puits de Chinchin*.

Vaire-le-Petit, 67 h., c. de Marchaux.

Vaivre, 53 h., c. de Pont-de-Roide.

Val-de-Roulans, 109 h., c. de Roulans.

Valdahon (Le), 835 h., c. de Vercel. ➡ Gouffre où disparaît un ruisseau.

Valentigney, 2,014 h., c. d'Audincourt. ➡ Voie romaine.

Valentin, 55 h., c. de Marchaux.

Valleroy, 89 h., c. de Marchaux.

Valonne, 305 h., c. de Pont-de-Roide.

Valoreille, 224 h., c. de Saint-Hippolyte.

Vanclans, 324 h., c. de Vercel. ⤳ Ruines imposantes du château de Cicon (IXᵉ s.), au sommet d'une montagne.

Vandoncourt, 781 h., c. de Blamont. ⤳ Pont naturel, dit pont Sarrasin, sur un ruisseau.

Vauchamps, 104 h., c. de Roulans.

Vaucluse, 301 h., c. de Maîche. ⤳ Grotte longue de 150 mèt.; débris paléontologiques importants. — Beaux restes d'un ancien couvent de chartreux, au pied des rocs qui resserrent le Dessoubre.

Vauclusotte, 322 h., c. de Maîche.

Vaudrivillers, 77 h., c. de Baume-les-Dames.

Vaufrey, 552 h., c. de Saint-Hippolyte. ⤳ Ruines des châteaux de Moron et de la Roche-aux-Canons. — Belles gorges du Doubs. — Sources abondantes: l'une d'elles fait marcher le moulin Rérat et se jette dans le Doubs, après 115 mèt. de cours.

Vaux, 110 h., c. d'Audeux. ⤳ Grottes curieuses. — Élégant château du XVIᵉ s., construit par le cardinal de Granvelle.

Vaux-et-Chantegrue, 590 h., c. de Mouthe. ⤳ Source du Drugeon. — Ancienne maison prieurale.

Velesmes, 154 h., c. de Boussières.

Vellerot-lès-Belvoir, 240 h., c. de Clerval.

Vellerot-lès-Vercel, 180 h., c. de Pierrefontaine. ⤳ Entonnoir où se perd le ruisseau du Vernois.

Vellevans, 381 h., c. de Clerval. ⤳ Entonnoirs où se perdent les ruisseaux du Fondereau et des Prés.

Venise, 255 h., c. de Marchaux.

Vennans, 27 h., c. de Roulans.

Vennes, 191 h., c. de Pierrefontaine. ⤳ Ruines d'un château.

Vercel, 1,250 h., ch.-l. de c., arrond. de Baume-les-Dames. ⤳ Entonnoir où se perd le ruisseau de Goux.

Vergranne, 161 h., c. de Baume-les-Dames. ⤳ Entonnoirs où s'engouffrent des ruisseaux et en particulier le Breuil.

Vermondans, 445 h., c. de Pont-de-Roide.

Verne, 248 h., c. de Baume-les-Dames. ⤳ Entonnoir où s'abîme le ruisseau de Verne.

Vernierfontaine, 417 h., c. de Vercel.

Vernois-le-Fol, 176 h., c. de Saint-Hippolyte.

Vernois-lès-Belvoir, 186 h., c. de Pont-de-Roide. ⤳ Entonnoirs où se perdent les ruisseaux de Vit-lès-Belvoir et de Colombier.

Vernoy (Le), 115 h., c. de Montbéliard.

Verrières-de-Joux, 766 h., c. de Pontarlier.

Verrières-du-Grosbois, 65 h., c. de Vercel.

Vèze (La), 353 h., c. (Sud) de Besançon. ⤳ Voie romaine.

Vieilley, 424 h., c. de Marchaux. ⤳ Dans l'église, chaire sculptée.

Vienney-Granges, 65 h., c. de Roulans.

Viéthorey, 298 h., c. de Rougemont. ⤳ Entonnoir où s'abîme le ruisseau de la Foudre.

Vieux-Charmont, 847 h., c. d'Audincourt.

Villars-lès-Blamont, 554 h., c. de Blamont. ⤳ Entonnoir où disparaît le ruisseau de la Bruère.

Villars-Saint-Georges, 225 h., c. de Boussières. ⤳ Ruines romaines importantes.

Villars-sous-Dampjoux, 168 h., c. de Pont-de-Roide.

Villars-sous-Écot, 289 h., c. de Pont-de-Roide. ⤳ Entonnoir où se perd le Fondereau.

Ville-du-Pont (La), 645 h., c. de Montbenoît. ⤳ Rochers pittoresques percés de grottes jadis habitées.

Villedieu (La), 264 h., c. de Mouthe.

Villedieu (La), 259 h., c. de Vercel.

Villeneuve-d'Amont, 586 h., c. de Levier.

Villers, V. le Lac.

Villers-Buzon, 137 h., c. d'Audeux.

Villers-Chief, 220 h., c. de Pierrefontaine.

Villers-Grélot, 236 h., c. de Roulans.

Villers-la-Combe, 168 h., c. de Pierrefontaine.

Villers-le-Sec, 199 h., c. de Baume-les-Dames. ⁕—► Grotte de la Baume, qui servit de retraite pendant les guerres du xvii⁰ s. — Ruines romaines.

Villers-sous-Chalamont, 393 h., c. de Levier. ⁕—► Ancienne église qui dépendait de l'abbaye de Gouaille, située à 1 kil. du village et appelée Mère-Église. — Élégante église ogivale moderne. — Entonnoir où se perd un ruisseau.

Villers-sous-Montrond, 206 h., c. d'Ornans. ⁕—► Retranchements antiques. — Église ogivale.

Vit (Saint-), V. **Wit (Saint-)**.

Voillans, 180 h., c. de Baume-les-Dames. ⁕—► Entonnoirs où s'abîment les ruisseaux de la Douve et de la Baie de Goux.

Voires, 111 h., c. d'Ornans.

Vorges, 172 h., c. de Boussières.

Vougeaucourt, 1,500 h., c. d'Audincourt. ⁕—► Grotte des Sarrasins. — Vestiges du camp romain de Chataillon. — Belles fontaines de Vougeaucourt et de la Prâtle.

Vuillafans, 1,489 h., c. d'Ornans. ⁕—► Ruines du Château-Neuf, où logea Charles le Téméraire lorsqu'il courait à l'échec de Grandson. — Église du xvi⁰ s. — Cascade.

Vuillecin, 353 h., c. de Pontarlier. ⁕—► Vaste enceinte carrée qui fut probablement un camp romain. — Église moderne, renfermant un ancien retable sculpté.

Vyt-lès-Belvoir, 279 h., c. de Clerval. ⁕—► Entonnoir où se perd le ruisseau de Courbahon.

Wit (Saint-) ou **Vit (Saint-),** 993 h., c. de Boussières. ⁕—► Grotte. — Fontaine abondante.

Typographie Lahure, rue de Fleurus, 9, à Paris. [20 373]

DOUBS

LIBRAIRIE HACHETTE ET CIE
A PARIS, BOULEVARD SAINT-GERMAIN, 79

NOUVELLE COLLECTION DE GÉOGRAPHIES DÉPARTEMENTALES

PAR AD. JOANNE

FORMAT IN-12 CARTONNÉ

Prix de chaque volume. . . . . 1 fr.

(Avril 1878)

40 départements sont en vente

EN VENTE

Ain.	11 gravures,	1 carte.	Jura	12 gravures,	1 carte.
Aisne	19	1 —	Landes	16	1 —
Allier	27	1 —	Loire	14	1 —
Aube	14	1 —	Loire-Inférieure	20	1 —
Basses-Alpes	11	1 —	Loiret	22	1 —
Bouch.-du-Rhône	27	1 —	Maine-et-Loire	24	1 —
Cantal	14	1 —	Meurthe	31	1 —
Charente	28	1 —	Morbihan	13	1 —
Charente-Infér.	14	1 —	Nord	20	1 —
Corrèze	11	1 —	Oise	10	1 —
Côte-d'Or	29	1 —	Pas-de-Calais	16	1 —
Côtes-du-Nord	10	1 —	Puy-de-Dôme	16	1 —
Deux-Sèvres	14	1 —	Rhône	16	1 —
Dordogne	14	1 —	Saône-et-Loire	23	1 —
Doubs	13	1 —	Seine-et-Marne	13	1 —
Gironde	15	1 —	Seine-et-Oise	25	1 —
Haute-Saône	12	1 —	Seine-Inférieure	20	1 —
Haute-Vienne	10	1 —	Somme	12	1 —
Indre-et-Loire	40	1 —	Vienne	15	1 —
Ille-et-Vilaine	14	1 —	Vosges	17	1 —
Isère	10	1 —			

EN PRÉPARATION

Ardèche — Finistère — Haute-Savoie — Indre — Loir-et-Cher
Savoie — Vendée

ATLAS DE LA FRANCE

CONTENANT 95 CARTES

(1 carte générale de la France, 89 cartes départementales, 1 carte de l'Algérie et 4 cartes des Colonies)

TIRÉES EN 4 COULEURS ET 94 NOTICES GÉOGRAPHIQUES ET STATISTIQUES

1 beau volume in-folio, cartonné : 40 fr.
Chaque carte se vend séparément. . . . . 50 c.

TYPOGRAPHIE LAHURE, RUE DE FLEURUS, 9, A PARIS.

www.ingramcontent.com/pod-product-compliance
Lightning Source LLC
LaVergne TN
LVHW051457090426
835512LV00010B/2198